世界螃蟹郵票圖鑑

Stamps of the World's Crab Appreciation

洪明仕、魏尚世 ——著

台灣第一，世界第一

新竹動物園園長 **洪明仕** 螃蟹達人 **魏尚世** 共同執筆

蒐集196種螃蟹家族的成員，

226張珍貴螃蟹郵票

What's Art 006
世界螃蟹郵票圖鑑

作者：洪明仕、魏尚世
總編輯：許汝紘
主編：黃心宜
美編：yuying
發行：楊伯江、許麗雪
出版：佳赫文化行銷有限公司
地址：台北市大安區忠孝東路四段341號11樓之三
電話：（02）2740-3939
傳真：（02）2777-1413
http://www.cultuspeak.com.tw
E-Mail：cultuspeak@cultuspeak.com.tw
劃撥帳號：50040687信實文化行銷有限公司

印刷：騰雲有限公司
地址：台北市光復南路33巷12號5樓　電話：（02）7729-8828
圖書總經銷：時報文化出版企業股份有限公司
中和市連城路134巷16號
電話：（02）2306-6842

由佳赫文化行銷有限公司在台灣地區獨家出版發行繁體中文版
著作權所有 翻印必究
本書文字非經同意，不得轉載或公開播放
2010年2月初版一刷
定價：新台幣350元

國家圖書館出版品預行編目資料

世界螃蟹郵票圖鑑
　洪明仕,魏尚世 著
　初版一臺北市：佳赫文化行銷，2010.2
　面；　公分
ISBN：978-986-6271-02-1（平裝）
1.郵票 2.蟹 3.圖錄
557.647　　　　　　　　　　　99001109

推薦序

　　螃蟹是大家熟悉的甲殼動物，自古以來就是人們重要的食物來源，和我們的生活有密切的關係。螃蟹的外部型態富於變化，體色鮮豔，棲息場所多樣性，因而被作為郵票圖案的種類不少。近年來，印刷技術或照相技巧的進步，蟹類的郵票發行量亦大為增加。本書的作者之一洪明仕君，從大學四年級到研究所碩士班都在本人的研究室從事甲殼十足類（蝦、蟹、寄居蟹）之研究，過去曾經發表產於台灣東部的台灣特有絨螯蟹（台灣絨螯蟹）之生物學研究，對蟹類的分類具有專業能力。洪君目前擔任新竹市立動物園園長一職，他在公務之餘，收集世界各國所發行的郵票，以所學之專長，將128個國家（或地區）所發行超過600張的螃蟹郵票加以鑑定種名，並詳細敘述各種類的生態習性和地理分布，蒐集結果甚具成就，此書對學術研究或教育推廣，以及怡情趣味上，都是具有極高價值的參考資料，也是一本從郵票了解蟹類的自然誌，值得一讀。本人謹此特別推薦，並為之序。

游祥平　國立台灣海洋大學水產 大學教授

洪序

　　1996至2001年期間，筆者受漁業署的邀請，在其發行刊物《漁業推廣月刊》中連載〈郵票中的海洋生物〉專欄，其中「螃蟹」就是一個受到廣大民眾喜愛的主題。筆者從30年前開始蒐集魚類郵票，之後出版了《郵票中的魚》，由台灣省漁業局發行。15年前，逐漸擴充蒐集包括螃蟹在內的海洋生物郵票，一方面著迷於各國郵票的精美圖畫，也對方寸中林林總總長相奇特的海洋生物充滿好奇，總想鑑別出種類、瞭解其分布，並研究其生態行為。

　　包括筆者在內，蒐集世界螃蟹郵票的人不少，但蒐集趨近完整者卻不多。荷蘭國立自然史博物館的甲殼動物大師L.B.Holthuis先生、日本東京大學水產資源育成系大森 信教授，以及全世界頂尖的螃蟹研究學者新加坡大學 Peter K.L. Ng 教授等，都是全世界蒐集螃蟹郵票的翹楚，不過他們都是專業的甲殼動物或螃蟹分類學者。而魏尚世先生雖非研究螃蟹的專業人士，其所蒐集螃蟹郵票，卻也是全世界數一數二的完整，真是令人訝異。本人相當榮幸為這些郵票中的螃蟹找到分類上的定位，更正許多螃蟹學名在印製上的錯誤，並依學術性及慣用性，將螃蟹定訂中文名稱，描述其分布及生態習性等，成為全世界第一本兼具學術性、教育性、實用性、藝術性及趣味性的《世界螃蟹郵票圖鑑》。

　　全世界的螃蟹種類超過6500種，只佔地球小面積的台灣卻能發現650種以上，顯見螃蟹為台灣生物多樣性的代表性物種。因此，世界各國發行的螃蟹郵票中，在台灣也看得到的種類，比例非常高，本書在內文與附錄中有特別標註。本書中所展示的螃蟹，為甲殼類十足目的短尾類（螃蟹），以及異尾類（瓷蟹、椰子蟹及石蟹）等，後者雖非螃蟹家族的真正成員，但因長相與螃蟹相近，往往被當成螃蟹看待，因此特別加入介紹。而寄居蟹及蝦類等甲殼動物，因長相與螃蟹有段距離，本書選擇不予列入。除了介紹世界郵票中的螃蟹以外，與螃蟹有關的郵票主題，包括星座、圖騰、卡通、漁業、美食及保育等，也一起收納近來，以增添螃蟹與人類生活關係上的樂趣。

　　此書能順利付梓完成，首先要感謝農委會漁業署過去給予螃蟹郵票連載的機會，也感謝海洋大學退休教授游祥平傳授甲殼動物的分類知識，新加坡大學Peter K.L. Ng 教授、海洋大學陳天任教授、何平合教授，以及中興大學施習德教授給予本書的方向指導，還有高雄海洋科技大學黃榮富教授及澎湖科技大學施志昀教授長久以來所給予的專業上意見。對於魏尚世先生對螃蟹郵票蒐集及彙整的執著，以及

華滋出版的黃心宜主編辛苦的編排及校對等，表達最大的敬意與謝意。家人涓涓及麒展、麒翔在本書撰寫期間的支持與鼓勵，也感謝於心。最後，願此書能對喜歡螃蟹及專題郵票的蒐集者有所啓發，也來動手寫一本自己鍾愛的生物郵票圖鑑，同時激勵更多人讚嘆世界上物種多姿多彩的美妙。

張明仕 新竹動物園園長

魏序

筆者的螃蟹收藏超過十載，初期郵票只是點綴小品。直到中研院的郭明偉先生幫助，才較積極地納入系統性的收藏，但是郵票整理繁瑣，曾中斷一些時間。之後吳書和先生將他個人珍藏的螃蟹慷慨贈送給筆者，其中包括兩本郵冊，因此螃蟹郵票的數量頓列倍增。正巧又接觸到烏龜收藏達人——蘇信豪（龜痴），有幸見識到以生物系統架構的整理，資訊井然有序，豐富詳實，賦予平凡的烏龜郵票更生動活潑的生命力。見賢思齊，不禁興起以螃蟹郵票整理出螃蟹圖鑑的念頭。

筆者是海族專業知識的門外漢，整理過程中，處處碰壁。雖然用心鑽研，憑一己之力，根本無法突破。幸藉新竹市立動物園園長洪明仕先生伸出援手，在專業人士鼎力相助下，才得以繼續進行，順利完成此計劃。編輯過程中，參考了洪先生著作《郵票中的魚》，也希望本書能成為這系列的第二本書籍。

近年來，網際網路的威力無遠弗屆，藉由網路串聯，郵票搜尋的觸角也伸向世界各地。虛擬世界中的同好雖然素昧平生，卻願意攜手合作。在此特別要鄭重感謝張正璟先生（gagabeetle）以他對郵票的專業涵養，幫忙解決許多疑惑。另外還有曾文智、蘇信豪（龜痴）、周聖捷（嘉義大學研究所）、野草閑花（yahoo Blog）、劉金定老師、曾威華同學等人的大力幫忙和無私貢獻。當然更包括洪園長，沒有他的投入參與，本書絕對無法順利誕生。

筆者曾出版《魏尚世講股》一書，書後附錄螃蟹收藏別冊，其中有部份螃蟹藝品收藏的歷程分享，這次則是以螃蟹郵票為主題規劃成冊。本書完成後，另有相關規劃，希望能一一實現。

魏尚世

世界螃蟹的螃蟹世界 ▋ 文｜洪明仕

　　螃蟹（crabs）是一種相當奇特的生物，在分類上，與昆蟲、蜘蛛及鱟同屬於節肢動物，與藤壺及海蟑螂同屬於甲殼動物，而與蝦及寄居蟹則同屬於十足動物的家族。在構造上，螃蟹的頭胸部形成頭胸甲，腹部踡縮於頭胸甲的腹面，且無尾扇存在。第二觸角甚短，具有一對特化的大螯足，以及四對沒有退化的步足。十隻足均有七節，而螯足上則有可動指（外側）及不可動指（內側）的區別。（詳如附圖說明）。字意上，中文的寄居蟹（hermit crab）、椰子蟹（coconut crab）、石蟹（king crab, stone crab）、瓷蟹（porcelain crab, anemone crab）、管須蟹與蟬蟹（mole crabs），以及英文字義的horseshoe crab（鱟），雖以蟹為名，但因無上述特徵，所以並不是螃蟹家族成員。

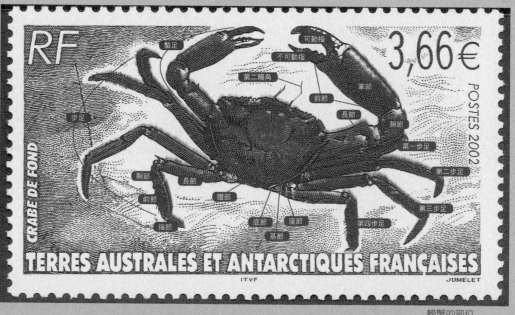

螃蟹的部位

螃蟹的生態

　　此外，因螃蟹生活史中獨具大眼幼蟲（megalopa）的幼苗階段，這是其他物種在生活史中所沒有的，所以也能當作辨別是否為螃蟹家族成員的依據。另一方面，螃蟹為水生的物種，海水域及淡水域都能發現螃蟹的存在，但有些種類更已能適應陸生環境，只要補充少許的水分，就能長時間在陸地上活動。然而，大部分的螃蟹棲息於潮間帶到水深約200公尺的大陸棚海域，在此範圍以外，越往陸域或越往深海的種類也就越來越少。

　　海洋性螃蟹在生殖時，母蟹將數十萬至百萬的卵釋放於海中，藉由海流的力量將受精卵散播到各處，而孵出的幼苗在大眼幼蟲階段必須找到適當的地點居住下來，因此，林林總總的海洋性螃蟹，藉由不同的海流而出現在不同的國家也就不足為奇了。例如在螃蟹郵票中，受到許多國家青睞發行的珊瑚瓢蟹（*Carpilius corallinus*），分布於加勒比海附近海域的國家，而紅斑瓢蟹（*Carpilius maculates*），則分布於印度—西太平洋海域的國家。另一方面，在海域流通的情況下，海洋性螃蟹很難發現地區性特有種的存在，只有在少數的島嶼較有可能發現，例如聖誕島地蟹（*Gecarcoidea natalis*），以及台灣招潮蟹（*Uca (Tubuca) formosensis*）等。

　　淡水性螃蟹的生殖方式可分為「陸封型」及「降海型」兩類。陸封型的淡水蟹母蟹產卵數甚少，通常為數十至數百個，而幼苗在母蟹的腹部內直接發育，當發育成幼蟹階段時，幼蟹仍會停留於母蟹腹部內一段時間，藉以獲得較安全的保護。例如在新加坡及泰國發行的淡水蟹郵票中，新加坡桑佛蟹（*Johora singaporensis*）及珠公主泰溪蟹（*Thaipotamon chulabhorn*）都是明顯的例子。「降海型」的淡水蟹的產卵數較多，多達數萬到數十萬之譜。由於需要調節體內滲透壓的緣故，產卵的過程需要在海洋中完成，而孵出的幼苗在大眼幼蟲階段進入淡水域活動，例如中華絨螯蟹（*Eriocheir sinensis*）及字紋弓蟹（*Varuna litterata*）皆為代表性的降海型螃蟹。由於淡水棲息場域較封閉的關係，陸封型淡水蟹的地區特有性相當高，在台灣超過30種以上的淡水蟹幾乎都是特有種，而降海型的台灣扁絨螯蟹（*Platyeriocheir formosa*），更是難得的特有屬與特有種（可惜台灣沒有發行此種螃蟹的郵票）。然而，人類的開發行為破壞棲地、過度的捕捉食用，以及農藥化肥的毒害及污染，讓世界各地多數的淡水蟹正面臨滅絕的危機。

不同螃蟹的看家本領

　　螃蟹以物種的多樣性來區分，分類學家依螃蟹的形態構造分為不同的派別、總科及以下的科、屬、種等，亦為本書將世界螃蟹郵票歸類介紹的依據。各類螃蟹

的構造及行為雖然大異其趣，但仍有許多共通性，例如所有螃蟹都是外骨骼動物，需要藉由脫殼來成長，為了避敵及生存，螯足及步足也都有自割與再生的能力。然而，對於不同種的螃蟹而言，仍有與許多特殊的看家本領，為覓食、為安居、為避敵及為傳宗接代的目的而努力生存著，值得我們深入了解與欣賞，簡要說明如下：

綿蟹背著海綿行走，藉以躲避天敵；蛙蟹為潛沙隱身的高手，只露出雙眼向外窺探；深洋蟹總是不見天日，與深海熱泉共存亡；饅頭蟹有拳擊手的架勢，右螯上的可動指是剪開右旋貝外殼的開罐器；黎明蟹為突襲高手，常瞬間使出掠食者的殺手鐧；近圓蟹及黃道蟹擅以礁石為掩蔽，掠食或腐食行為樣樣來；瓢蟹及玉蟹鮮艷斑斕的色彩，更能襯映出珊瑚礁的家園的美麗；長腳蟹及菱蟹長而健壯的螯足，可用來嚇退來犯的敵人；蜘蛛蟹及毛刺蟹多為偽裝大師，與環境融合而不易被發現；梭子蟹擁有扁槳狀的最後一對步足，游泳強將非之莫屬；梯形蟹隱身藏匿於珊瑚的枝叢間，而扇蟹則藏身礁石區的縫穴中，夜晚才是外出活動的開始；地蟹總是雄壯威武，深挖洞穴乃是家常便飯；方蟹及斜紋蟹扁平身軀，無懼驚濤駭浪；淡水域陸封型的溪蟹及降海型的弓蟹，各自施展不同的繁殖策略；和尚蟹善用蟹海戰術，大群掩護以求自保；沙蟹擁有優良的運動細胞，在攻守之間展現出快速移動的本領。

螃蟹的棲地

螃蟹以生態棲地的多樣性來區分，可分為海洋環境中的潮間帶、潮下帶、珊瑚礁、海藻林、紅樹林、河口、鹽水沼澤、大洋表層、淺海熱泉、大陸棚、大陸斜坡及深海盆地及海底熱泉等環境，以及淡水域的河川、溪流、湖泊、塘埤及淡水沼澤等，此外，海岸林亦為許多螃蟹重要的棲息環境。若棲地的底質條件區分，則有沙地、泥地、礫石、岩礁、藻礁、珊瑚礁等不同的棲地環境。例如地蟹以海岸林為家、沙蟹是潮間帶沙地的常客。腳短的螃蟹慣以環境變動性大的礁石區為家，而腳長的螃蟹則以穩定的深海底層為家。螃蟹選擇居住的環境的同時，也決定了本身的食性。例如招潮蟹以沙泥中的有機質為食、斜紋蟹以藻類為食、饅頭蟹以其他動物為食、深海的尖頭蟹則以腐食為主，而深洋蟹則以熱泉細菌及微生物為食。

螃蟹之最

螃蟹的世界中，由於外部構造或行為習性的不同，許多種類成為最具代表性的佼佼者。例如螃蟹中體型最大的是甘氏巨螯蟹（*Macrocheira kaempferi*）、最重的是巨大擬濱蟹（*Pseudocarcinus gigas*）、棲息最深的螃蟹為中洋西宮蟹（*Segonzacia mesatlantica*）、數量最多的是短指和尚蟹（*Mictyris brevidactyius*）、最毒的螃蟹為繡花脊熟若蟹（*Lophozozymus pictor*）、

分布範圍最廣的螃蟹為美味優游蟹（*Callinectes sapidus*）、溯溪能力最強的螃蟹為中華絨螯蟹（*Eriocheir sinensis*）、挖洞能力最強的螃蟹為凶狠圓軸蟹（*Cardisoma armatum*），此外，跑得最快的為角眼沙蟹（*Ocypode ceratophthalma*），這些箇中翹楚的種類，在世界各國所發行的螃蟹郵票當中，都能讓人欣賞到，本書中也特別加以介紹。

郵票中的螃蟹

從世界螃蟹郵票來看，不難發現人類與螃蟹所建立的「食用」及「欣賞」的關係，被當作發行郵票的主角。例如人類當成重要食物來源的螃蟹，包括蛙形蟹（*Ranina ranina*）、牧人魁蟹（*Chionoecetes opilio*）、普通黃道蟹（*Cancer pagurus*）、美味優游蟹、遠海梭子蟹（*Portunus pelagicus*），以及鋸緣青蟹（*Scylla serrata*）等，都是常見的食用性蟹類。又如顏色艷麗或造型奇特，經常成為人類捕捉觀賞的螃蟹，包括珊瑚瓢蟹、紅斑瓢蟹、長錐狹端蟹（*Stenorhynchus seticornis*）、合團蜘蛛蟹（*Maja squinado*）、多棘寶石蟹（*Mithrax spinosissimus*）、花紋細螯蟹（*Lybia tessellata*），以及燦爛滑面蟹（*Etisus splendidus*）等。

人類除了將螃蟹當成具有「食用」及「觀賞」價值的物種以外，從螃蟹相關的郵票中，也透露著許多與人類生活有關的訊息，成為重要的文化象徵，例如西方國家常見的黃道蟹，其屬名為Cancer，語意就是螃蟹，而cancer這個名詞也被廣泛在日常生活中使用，包括巨蟹座（cancer）為星相符號，為西方占星學中重要的黃道帶星座之一，同時也是西方醫學所稱的癌症（cancer）。因此，在螃蟹的相關郵票中，出現代表巨蟹座的螃蟹圖騰，或是用宰殺螃蟹來表示醫學抗癌的意義，都是人類與螃蟹在歷史文化上所糾葛出的生活關係。另一方面，螃蟹的撈捕作業、螃蟹的美食料理、螃蟹的資源保育，以及有趣的螃蟹卡通等，從不同國家的郵票發行中，似乎也能感受到各國與螃蟹所建立的生活情感，體會出螃蟹在人類的心目中確實佔有重要的一席之地。

本書介紹2009年以前，世界128個國家或地區所發行的626張與螃蟹有關的郵票，其中425張為螃蟹郵票，51張為椰子蟹、石蟹及瓷蟹等「非蟹之蟹」郵票，以及150張人類的「螃蟹文化」相關郵票。書中的內容包含郵票中螃蟹的鑑定學名、英文名、分布，以及生態習性等資料的介紹，是全世界目前最完整的螃蟹郵票圖鑑。最後，希望讀者諸君也能從方寸之中認識螃蟹，同時欣賞到「世界螃蟹的螃蟹世界」。

綿蟹派
Podotremata

隱蔽綿蟹 ▌

學名：*Dormia personata* Linnaeus, 1758

英名：Sponge crab, Poter crab

分布：從北海到地中海及西非海域

生態：棲息於亞潮帶5至10公尺的淺海域，但也曾於水深超過100公尺處發現過。主要活動在以岩礁及礫石底質的海域，與海綿行互利共生的行為。頭胸甲呈圓卵形，並有一對呈粉紅色的螯足。第四及第五對步足明顯退化，以作為向後背負海綿之用。屬於大型的綿蟹種類，頭胸甲寬可達7公分。

編號：01-01
國家：坦尚尼亞 / Tanzania（1994）

愛氏擬綿蟹

學名：*Dromidiopsis edwardsi*
　　　 Rathbun, 1919
英名：Sponge Crab
分布：印度－太平洋熱帶海域
生態：棲息於岸邊的淺水海域。水深20
　　　 公分至40公尺的深度都曾發現
　　　 其蹤跡。會用特化的後腳將海綿
　　　 背負在其頭胸甲上，達到偽裝避
　　　 敵的效果。本種雖無經濟食用價
　　　 值，但與海綿之間奇特的共生關
　　　 係，使其成為水族館展示的良好
　　　 物種。

編號：01-02
國家：帛琉 / Palau（1987）

綿蟹總科 DROMIOIDEA
貝綿蟹科 　　貝綿蟹科 Dynomenidae（Ortmann, 1892）

Fuzzy Sponge Crab (*Hirsutodynomene vespertilio*)

編號：02-01
國家：菲律賓 / Philippines（2008）

蝙蝠粗毛貝綿蟹

學名：*Hirsutodynomene*
　　　 vespertilio McLay & Ng, 2005
英名：Fuzzy Sponge Crab
分布：從北海到地中海及西非海域
生態：棲息於淺海的珊瑚礁或礁石區海域，喜歡躲藏於洞穴中。夜行性為
　　　 主，偽裝的能力強。本種為2005年所發表的菲律賓附近海域特有種
　　　 螃蟹，其外表的甲殼形狀特殊，並長有濃密的粗毛。頭胸甲寬可達
　　　 2.9公分。

三齒琵琶蟹 ▌

學名：*Lyreidus tridentatus* De
　　　Haan, 1841
英名：Spanner crab
分布：印度－西太平洋海域
生態：棲息於水深84至300公尺的海
　　　域，主要活動在沙泥或含貝殼底
　　　質的海底，挖沙掩蔽躲藏的能力
　　　強。頭胸甲為長橢圓形，螯足寬
　　　大而最後一對步足細小。頭胸
　　　甲斑紋色彩亮麗，長可達4.5公
　　　分。

編號：03-01
國家：新喀里多尼亞 / Nouvelle-Caledonie
　　　（1990）

蛙 蟹 科

◑蛙形蟹（旭蟹）▌

學名：*Ranina ranina*（Linnaeus,
　　　1758）
俗名：西蛄麻、蝦蛄頭、海臭蟲
英名：Red frog crab, Spanner crab,
　　　Crimson crab
分布：印度－太平洋海域
生態：棲息於水深10至50公尺的海域，
　　　砂質的底質環境中數量尤多，且有
　　　群棲的行為。型態如蛙，故名蛙形
　　　蟹。成熟雄個體的第一組前側緣齒
　　　明顯大於後兩組前側緣齒，雌蟹則
　　　無此現象。本種在世界上僅一屬一
　　　種，為著名的食用蟹類。全身背面
　　　為紅橙色，頭胸甲長可達25公分。

編號：03-03
國家：中華民國 / Republic of China
　　　（1981）

編號：03-02
國家：吉爾柏特及埃里斯群島 / Gilbert & Ellice Islands（1975）

編號：03-04
國家：索羅門群島 / Solomon Island（1993）

編號：03-05
國家：坦尚尼亞 / Tanzania

※ 標示在台灣會出現的螃蟹

真蟹派
Eubrachyura

編號：04-01
國家：蓋亞那 / Guyana（1996）

深洋熱泉蟹 ▮

學名：*Bythograea thermydron* Williams, 1980
英名：Hydrothermal crab, Vent crab
分布：東太平洋之深海熱泉區
生態：棲息於中洋脊平均深度達2700公尺的深海熱泉區。嗅覺相當敏銳，以貽貝為食，有些成蟹也會吃密度高的細菌叢及微生物。數量相當驚人，但因生活的環境特殊，人們對其生活史尚不全盤了解。頭胸甲長可達12.5公分。

中洋西宮蟹 ▌

學名：*Segonzacia mesatlantica*
　　　（Williams, 1988）
英名：Atlantic vent crab
分布：大西洋中洋脊之深海熱泉區
生態：棲息於中洋脊的深海熱泉區，此處深
　　　度為840至3670公尺之間，溫度約為
　　　8℃至16℃。熱泉所產出的硫化氫，
　　　為進行化學合成作用合成硫化菌的來
　　　源，硫化菌則為微生物的養分，該養
　　　份為螃蟹的食物來源之一。幼時體色
　　　為偏白的紅色，分布深度較淺且泳速
　　　快，成蟹則定棲餘熱泉附近，體表的
　　　胡蘿蔔素退化而呈白色。頭胸甲長可
　　　達5.5公分。

編號：04-02
國家：葡萄牙 / Portugal（2006）

饅頭蟹總科 CALAPPOIDEA
饅頭蟹科

饅頭蟹科 Calappidae（De Haan, 1833）

◐ 饅頭蟹 ▌

學名：*Calappa calappa*
　　　（Linnaeus, 1758）
英名：Box crab, Shamefaced crab
分布：印度－西太平洋海域
生態：棲息於水深5至50公尺的砂質、砂
　　　泥質及岩礁底質地。夜行為主，善
　　　用開罐器般的指節撬開貝類及寄居
　　　蟹後，加以捕食。頭胸甲向內彎
　　　曲，可將兩步足完全遮蓋，側緣的
　　　突出部無齒突。體色大致為黃褐
　　　色，且分為無斑紋以及暗紫色斑紋
　　　兩型。幼體及成體的斑紋亦有所不
　　　同。頭胸甲寬可達13公分。

編號：05-01
國家：新喀里多尼亞 / Nouvelle-Caledonie
　　　（1982）

燄紋饅頭蟹

學名：*Calappa flammea*（Herbst, 1758）

英名：Flaming shamefaced crab, Box crab

分布：美國東南方、加勒比海到巴西附近淺海域

生態：棲息於淺海砂質地，常將身體埋藏於砂中，只露出眼睛。身體以灰白色為主，夾雜著紫褐色的火燄狀斑紋，步足的尖端及頭胸甲的突齒呈黃色。開罐器般的指節可撬開貝類並加以捕食。本種為當地最常見的饅頭蟹。頭胸甲長可達8公分。

編號：05-02
國家：格瑞那達 / Grenada（1990）

擬公雞饅頭蟹

學名：*Calappa galloides* Stimpson, 1859

英名：Yellow box crab. Chicken crab

分布：加勒比海附近海域

生態：棲息於以砂質為底的淺海海域。形狀像公雞，故名。兩螯足對稱，掌部上方有明顯的柵欄狀齒突。右螯足指節的功能如同開罐器，可輕易地撬開貝類而捕食。身體以黃色系為主，有時在螯足及頭胸甲的前方有紅棕色斑點。本種過去常被誤認為公雞饅頭蟹（*C. gallus*）。頭胸甲長可達10.6公分。

編號：05-03
國家：尼維斯島 / Nevis（1990）

顆粒饅頭蟹 ▊

學名：*Calappa granulata*（Linnaeus, 1758）

英名：Box crab, Shamefaced crab

分布：地中海海域

生態：棲息於水深15至20公尺的海域，但也曾於水深400公尺處發現過。喜好砂泥或碎屑的底質。螯足相當發達，置於前端可將身體遮掩起來。以黃色系為主，雜以明顯的紅色斑點。頭胸甲寬可達11公分。

編號：05-04
國家：摩洛哥 / Morocco（1965）

編號：05-05
國家：利比亞 / Libya（1996）

編號：05-06
國家：賽普勒斯 / Cyprus（2001）

※ ❶ 標示在台灣會出現的螃蟹

真蟹派 Eubrachyura

紅斑饅頭蟹

學名：*Calappa rubroguttata*
　　　Herklots, 1851
英名：Box crab, Shamefaced crab
分布：非洲西部淺海域
生態：棲息於底質為砂質的淺海海域，
　　　善於隱蔽躲藏。頭胸甲的側緣齒
　　　相當明顯，背面前方具有明顯的
　　　紅紫色斑點。兩螯足大小相仿，
　　　但因應捕食貝類的需求，兩指形
　　　狀並不相同，掌部可遮蓋整個頰
　　　區。頭胸甲寬可達10公分。

編號：05-07
國家：迦納 / Ghana （1993）

饅頭蟹總科 CALAPPOIDEA
黎明蟹科

黎明蟹科 Matutidae（De Haan, 1835）

紅點紋腕蟹（紅點網灰蟹）

學名：*Ashtoret lunaris*（Forskal, 1775）
英名：Horned pebble crab
分布：印度－西太平洋海域
生態：棲息於潮間帶或亞潮帶以砂質為
　　　底質的海域。步足特化為扁槳
　　　狀，利於游泳及爬行。肉食性為
　　　主，會隨潮水游入潮間帶捕食
　　　小型螃蟹，並有季節性的遷徙行
　　　為。本種過去稱為紅點黎明蟹
　　　（*Matuta lunaris*），而台灣過
　　　去所記載的紅點黎明蟹，業經查
　　　證為頑強黎明蟹（*M. victor*）
　　　的誤判。頭胸甲寬可達7公分。

編號：06-01
國家：泰國 / Thailan （1979）

紅線黎明蟹

編號：06-02
國家：泰國 / Thailan（1979）

學名：*Matuta planipes* Fabricius, 1798
英名：Horned pebble crab
分布：印度－西太平洋海域
生態：棲息於低潮帶至水深15公尺處的砂質地。鑽沙的能力強，在沙泥灘潮間帶的潮池中躲藏，常趁小型螃蟹不注意時衝出捕捉。螯足掌節內側的近背緣處，具有兩列的發音隆脊，可用來摩擦發音。槳狀的步足及頭胸甲側緣的大棘，則可用來滑水及破水前進。雌蟹體型通常大於雄性。頭胸甲長可達5公分。

琴口筐形蟹

編號：06-03
國家：新喀里多尼亞 / Nouvelle-Caledonie（1996）

學名：*Mursia musorstomia* Galil, 1993
英名：Armed box crab
分布：太平洋中部海域
生態：本種棲息於大陸棚及大陸斜坡的邊緣交接處，屬於深海的螃蟹種類。棲息地以軟泥質地為主。掠食性，捕食貝類等小型無脊椎動物，或為腐食性，以海洋動物的屍體為食。本種為1933年於報導於新喀里多尼亞（New Caledonia）發現的新種，雌蟹的體型大於雄蟹，頭胸甲寬可達4公分。

編號：07-01
國家：馬利 / Mali（1972）

波齒近圓蟹

學名：*Atelecyclus undecimdentatus*（Herbst, 1783）
英名：Round crab, Galicia Spain Circular crab
分布：大西洋東部海域及地中海海域
生態：本種分布於大西洋東部海域，地中海及非洲南岸已可發現其蹤跡。喜好棲息於淺海海域的礁石或附近碎石區，擅於隱蔽躲藏。因藻類附著在身上，所以也有隱身欺敵的好本領。喜食貝類，為掠食性的螃蟹，但也具有腐食性，會吃動物的屍體。頭胸甲寬可達6公分。

近圓蟹科

伊氏毛甲蟹

學名：*Erimacrus isenbecki*（Brandt, 1848）
英名：Hair crab, Korean crab, Kegani crab
分布：西北及北太平洋冷水海域
生態：棲息於水深15至300公尺的沿海海域，尤其喜好砂石混合的海域。頭胸甲為近似方形的卵圓狀，全身具有短毛，故在盛產的日本北海道俗稱為「毛蟹」，數量眾多，食用價值高。頭胸甲寬可達9公分。

編號：07-02
國家：北韓 / DPR Korea（1967）

近圓蟹科

小刺盾型蟹

學名：*Peltarion spinulosum*（White, 1843）

英名：Tractor crab

分布：大西洋西部及西南部海域

生態：棲息於水深4至10公尺的淺海海域，對棲息環境的適應力強，底質為沙地、泥地及礁石區的海域，皆可發現其蹤跡。身上長有細毛，在藻類繁生的礁石上有良好的偽裝效果。雖無食用價值，但特殊的造型仍具有觀賞價值。體型小，頭胸甲可達4.5公分。

編號：07-03
國家：紐西蘭 / New Zealand（1996）

黃道蟹總科 CANCROIDEA
黃道蟹科

黃道蟹科 / Cancridae（Latreille, 1802）

北方黃道蟹

學名：*Cancer borealis* Stimpson, 1859

英名：Jonah crab

分布：大西洋西北部海域

生態：棲息於潮間帶至水深800公尺的深海海域，喜好砂石混合的水域。體型扁平，頭胸甲呈展開的摺扇形。本種為西北大西洋重要的經濟蟹類，數量眾多，體寬8.8公分的母蟹抱卵數可達330,400粒。食用價值高。身體黃褐色，前緣為紅色，螯足的兩指為黑色。頭胸甲寬可達17.5公分。

編號：08-01
國家：法屬聖皮耶與秘克隆群島 / Saint Pierre & Miquelon（1995）

※❶標示在台灣會出現的螃蟹

黃道蟹科

細粒黃道蟹 ▮

學名：*Cancer irroratus* Say, 1817
英名：Atlantic rock crab
分布：北大西洋海域
生態：棲息於淺海至水深790公尺的海域。平常於海底的岩礁區活動。雜食性，以海藻及其他小型無脊椎動物為食，尤其喜食扇貝的幼苗。此外，也具有腐食性，吃其他動物的屍體。漁民常於捕捉龍蝦時一同捕獲，具有高經濟的食用價值。頭胸甲寬可達13.3公分。

編號：08-02
國家：莫三比克 / Mozambique（2002）

黃道蟹科

普通黃道蟹 ▮

學名：*Cancer pagurus* Linnaeus, 1758
英名：Edible crab, Puncher
分布：大西洋東北部、地中海及西非海域
生態：棲息於低潮帶至水深100公尺的海域，喜好以砂石混合的底質為活動範圍。雌蟹於晚春時游至淺海域脫殼及交配，至夏末才又游回較深的海域。晚冬則是卵孵育的季節，孵卵期約為六星期。成體的壽命估計超過20歲。本種為相當著名的食用蟹類，尤其是西歐地區。頭胸甲長可達20公分，頭胸甲寬可達28公分。

編號：08-03
國家：杜拜 / Dubai（1963）

編號：08-04
國家：阿爾巴尼亞 / Shqiperia（1968）

編號：08-05
國家：斯塔福島（蘇格蘭）/ Staffa Scotland
　　　（1974）

編號：08-06
國家：柏內拉島（蘇格蘭）/ Berenra（1982）

編號：08-07
國家：斯塔福島（蘇格蘭）/ Staffa Scotland
　　　（1971）

編號：08-08
國家：澤西島 / Jersey（1993）

編號：08-09
國家：坦尚尼亞 / Tanzania（1994）

編號：08-10
國家：英國 / United Kingdom（1994）

編號：08-11
國家：利比亞 / Libya（1996）

編號：08-12
國家：剛果民主共和國 / Congo（1997）

※ ● 標示在台灣會出現的螃蟹

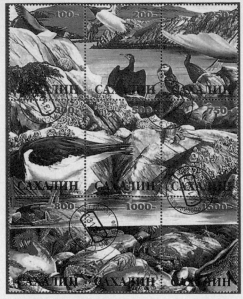

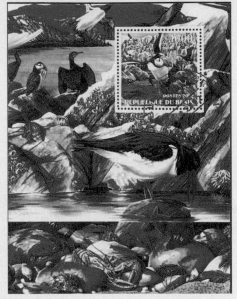

3隻普通黃道蟹　編號：08-13
國家：蘇屬薩哈林州 / CAXA（1997）

編號：08-14
國家：貝南 / Benin（2002）

編號：08-15
國家：甘比亞 / Gambia（2005）

編號：08-16
國家：莫三比克 / Macambique（2007）

編號：08-17
國家：挪威 / Norge（2007）

密毛黃道蟹 ▌

學名：*Cancer setosus* Molina, 1782
英名：Jaiba crab
分布：太平洋東南方淺海海域。
生態：棲息於淺海珊瑚礁海域，特別是海藻叢生的地方。頭胸甲為展開的摺扇形，螯足粗壯，身體扁平。常利用後二對步足倒懸金勾在藻體上或岩壁上。體色以土棕色為主，螯足兩指的前端為明顯的黑色。頭胸甲寬可達5公分。

編號：08-18
國家：智利 / Chile（1991）

扁身平伏蟹 ▌

學名：*Homalaspis plana*（H.Mllne Edwards,1834）
英名：Chilean stone crab, Jaiba mora
分布：太平洋東南方海域
生態：本種分布於南美洲厄瓜多爾到智利全國的沿岸礁石區海域。體型相當扁平，善於躲藏於岩礁縫穴中。夜行性，以小型無脊椎動物為食。對於當地人來說，本種螃蟹數量多，具食用價值，成為漁民捕捉及販售的對象。頭胸甲寬可達7.6公分。

編號：08-19
國家：智利 / Chile（1991）

※ ◐ 標示在台灣會出現的螃蟹

黃道蟹科

長鬚羅姆蟹 ▌

學名：*Romaleon antennarium*
　　　（Stimpson, 1856）
英名：Pacific Rock Crab, California
　　　rock crab
分布：東北太平洋沿岸海域
生態：棲息於沿岸海藻林的冷水海域，
　　　喜好以礁石為底質的環境，並躲
　　　藏於海底的岩石下或穴縫中。底
　　　棲夜行性，是於隱蔽躲藏，兩隻
　　　粗壯的大螯是捕食硬殼貝類的好
　　　武器。本種為當地常見種類，漁
　　　民多用籠具誘捕，具經濟食用用
　　　價值。雄蟹體型明顯大於雌蟹，
　　　頭胸甲寬可達7.8公分。

編號：08-20
國家：美國 / USA（2009）

瓢蟹總科 CARPILIOIDEA　　　　　▌瓢蟹科 / Carpiliidae （Ortmann, 1893）
瓢蟹科

珊瑚瓢蟹 ▌

學名：*Carpilius corallinus*
　　　（Linnaeus, 1758）
英名：Coral crab
分布：加勒比海海域
生態：棲息於淺海的珊瑚礁區，尤其喜
　　　歡躲藏於海草、礁岩或石珊瑚死
　　　後骨骼的下方。夜行性為主。體
　　　色為紅磚色，夾雜有白色的斑點
　　　及雜紋，螯足兩指指節前端為紫
　　　黑色。具觀賞價值，由於過度捕
　　　捉，目前數量已經稀少。頭胸甲
　　　長可達13公分。

編號：09-01
國家：古巴 / Cuba（1969）

編號：09-02
國家：貝里斯 / Belize（1982）

編號：09-03
國家：貝里斯 / Belize（1984）

編號：09-04
國家：英屬安圭拉 / Anguilla（1988）

編號：09-06
國家：格瑞那達 / Grenada（1990）

編號：09-05
國家：安地卡及巴布達 /
Antigua & Barbuda
（1990）

編號：09-07
國家：多明尼加 / Dominica（1992）

編號：09-08
國家：古巴 / Cuba（1994）

編號：09-09
國家：格瑞那達 / Grenada（1995）

編號：09-10
國家：英屬維爾京群島 / British
Virgin Islands（1997）

編號：09-12
國家：英屬特克斯及凱科斯群島 / Turks
& Caicos Islands（1999）

編號：09-11
國家：古巴 / Cuba（1998）

※● 標示在台灣會出現的螃蟹

●紅斑瓢蟹

學名：*Carpilius maculates*（Herbst,1783）
英名：Red-spotted crab, Spotted pebble crab,Painted crab
俗名：十一點
分布：印度─西太平洋海域
生態：棲息於沿岸珊瑚礁及岩礁海域，尤其喜好破碎的礫石堆或岩塊下
方。頭胸甲呈卵圓形，螯足粗壯。體色以橙色為主，背部有明顯的
十一個紫黑色的塊狀斑紋。具觀賞價值。體型碩大，頭胸甲長可達
15公分。

編號：09-13
國家：荷屬新幾內亞 / Nieuw Guinea
（1962）

編號：09-14
國家：科威特 / Kuwait （1966）

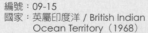

編號：09-15
國家：英屬印度洋 / British Indian
Ocean Territory（1968）

編號：09-16
國家：薩摩亞 / Samoa（1972）

編號：09-17
國家：吉爾柏特及埃里斯群島 / Gilbert &
Ellice（1975）

編號：09-18
國家：馬爾地夫 / Maldives（1978）

編號：09-19
國家：塞席爾 / Seychelles（1984）

編號：09-20
國家：吉里巴斯 / Kiribati（1985）

編號：09-21
國家：吐瓦魯 / Tuvalu（1986）

編號：09-22
國家：法屬波利尼西亞/ Polynesie
　　　（1987）

編號：09-23
國家：庫克群島 / COOK Islands
　　　（1992）

編號：09-24
國家：索羅門群島 / Solomon Islands
　　　（1993）

編號：09-26
國家：吉里巴斯 / Kiribati（1996）

編號：09-25
國家：庫克群島 / Cook Islands（1994）

※ ❶ 標示在台灣會出現的螃蟹

瓢蟹科

紅斑斗蟹

學名：*Liagore rubromaculata* De Haan, 1835

英名：Xanthid crab

分布：印度—西太平洋海域

生態：棲息於水深10至110公尺的沿近海海域，以砂泥底質為主要活動範圍。有些根頭藤壺喜歡寄生於其身上。頭胸甲為橫卵形，體色為黃棕色或橙黃色，其上散佈著紅色的圓斑點。螯足指節為白色。頭胸甲寬可達4.3公分。

編號：09-27
國家：中華民國 / Republic of China（1981）

盔蟹總科 CORYSTOIDEA
盔 蟹 科　　　　　　　　　盔蟹科 / Corystidae （Samouelle, 1819）

首領盔蟹

學名：*Corytes cassivelaunus* Pennant,1777

英名：Masked crab, Helmet crab

分布：北大西洋、北海及地中海海域

生態：棲息於沿岸沙地為底質的海域，常將身體埋入沙中，伺機捕食多毛類及雙殼貝等小型無脊椎動物。由於頭胸甲的外部樣態與人的面孔相似，所以有面具蟹或頭盔蟹的稱呼。雄蟹的螯足明顯長於頭胸甲，雌蟹螯足的長度則和頭胸甲相仿。本種體型小，一般可達4公分。

編號：10-01
國家：聖多美及普林西比 / S. Tome E Principe（2009）

酒色豔團扇蟹（暗團扇蟹）

學名：*Baptozius vinosus*
　　　　（H.Milne Edwards, 1834）
英名：Stone crab
分布：印度—西太平洋海域
生態：棲息於紅樹林泥灘地，身體寬厚，善於挖洞，以肉食性為主。頭胸甲呈扇狀，體色以深紫色系為主，頭胸甲寬可達6.7公分。

編號：11-01
國家：日本 / Japan（1967）

西氏酋婦蟹（光手酋婦蟹）

學名：*Eriphia sebana*（Shaw & Nodder, 1803）
英名：Red eyed crab
分布：印度—太平洋海域
生態：棲息於岩礁潮間帶或珊瑚礁淺水域，以夜間較為活躍。頭胸甲為圓扇形，螯足粗壯但不等大，表面平滑。體色為紫灰色或棕褐色，眼睛為罕見的鮮紅色，自古以來被視為有毒的蟹類，亦曾於帛琉群島使兩人致命，故應避免食用。頭胸甲寬可達6.7公分。

編號：11-02
國家：吐瓦魯 / Tuvalu（1976）

編號：11-05
國家：坦尚尼亞 / Tanzania　右上方

編號：11-03
國家：索羅門群島 / Solomon Islands（1993）

編號：11-04
國家：巴布亞紐幾內亞 / Papua New Guinea（1995）

※ ● 標示在台灣會出現的螃蟹

酋婦蟹科

疣酋婦蟹

學名：*Eriphia verrucosa*（Forskal, 1775）

英名：Warty crab, Yellow crab

分布：大西洋東部、地中海及黑海海域

生態：棲息於礁石沿岸潮間帶至水深15公尺的淺海域。喜好石塊區及海藻繁生的地點。春天成蟹會游至淺水域（水深1公尺以內）產卵。掠食性強，以貝類、寄居蟹、軟體動物及多毛類為食。在黑海為控制入侵貝類——紅皺岩螺（*Rapana venosa*）的重要本土生物控制物種，但由於污染及優養化，本種螃蟹的數量已經銳減。頭胸甲寬可達9公分。

編號：11-06
國家：巴布達 / Barbuda（1971）

編號：11-07
國家：巴拉圭 / Paraguay（1972）

編號：11-08
國家：利比亞 / Libya（1996）

雇工哲蟹

學名：Menippe mercenaria（Say, 1818）
英名：Stone crab
分布：西大西洋海域
生態：幼蟹棲息於淺海岩礁或海藻叢中，成蟹則移棲至更淺的低潮線附近，以挖沙的方式棲息。大部分為單獨活動。頭胸甲為扇狀，螯足粗壯，左右不對稱。頭胸甲呈深紅棕色。雄蟹體型大於雌蟹，頭胸甲寬可達12.9公分。

編號：12-01
國家：尼維斯島 / Nevis（1990）

編號：12-02
國家：坦尚尼亞 / Tanzania （1994）

哲蟹科

編號：12-03
國家：聖多美及普林西比 / S,Tome E Principe（2009）

巨大擬濱蟹

學名：*Pseudocarcinus gigas*（Lamarck, 1818）
英名：Tasmanian giant crab, Giant deepwater crab, Queen crab
分布：澳洲南方海域
生態：棲息於水深140至270公尺的大陸斜坡邊緣海域。以海面掉落的海洋動物屍體為食。母蟹在產卵階段，外殼會改變顏色。本種螃蟹在澳洲南部塔斯馬尼亞（Tasmanian）水域，有商業捕捉及資源管理機制。種體型碩大，體重則堪稱螃蟹重的冠軍。頭胸甲寬46公分的個體，體重可達13公斤。

真蟹派
Eubrachyura

佘公主亮腹蟹 ▌

學名：*Phricotelphusa sirindhorn*
　　　Naiyanetr, 1989
英名：Sirindhorn's freshwater crab
分布：泰國淡水域
生態：本種棲息於淡水域中，身體扁
　　　平，擅於隱蔽躲藏於石塊及落葉
　　　堆中。個體的外表顏色差異甚
　　　大，擬態的能力強，在草中不易
　　　被天敵發現。以水中的有機碎屑
　　　及小型貝類為食。本種為泰國
　　　的特有種，以泰皇的第二位公
　　　主Sirindhorn為名命名，以表敬
　　　意。頭胸甲寬可達2.9公分。

編號：13-01
國家：泰國 / Thailand（1994）

親水亮腹蟹 ▌

學名：*Phricotelphusa limula*
　　　（Hilgendorf, 1882）
英名：Freshwater crab
分布：泰國淡水域
生態：棲息於泰國森林的溪流中，喜好
　　　躲藏於激流區的石塊下，等待覓
　　　食的機會。移動快速，受到干擾
　　　時，會趕緊於石塊下挖洞躲藏。
　　　雜食性，同時也扮演分解有機物
　　　的角色，對森林及溪流生態系統
　　　的維持相當重要。本種為泰國當
　　　地的特有種，頭胸甲寬可達2公
　　　分。

編號：13-02
國家：泰國 / Thailand（1994）

強氏艾門蟹

學名：*Irmengardia johnsoni* Ng & Yang, 1985
英名：Johnson's swamp crab
分布：新加坡淡水域
生態：棲息於新加坡自然保留區的淡水域，以森林的溪流及沼澤的集水區為棲息地。以水生昆蟲或落葉等有機物為食。母蟹有護幼的行為。由於棲息地迅速消失，本種已列為受威脅的物種。頭胸甲寬可達3公分。

編號：14-01
國家：新加坡 / Singapore（1992）

束腹蟹科

網紋束腹蟹

學名：*Parathelphusa reticulate* Ng, 1990
英名：Reticulated swamp crab
分布：新加坡淡水沼澤區
生態：本種善於深挖洞穴，平時棲身於軟泥的洞穴中，只有在不見月光的午夜，才會緩慢爬行到淺水域，藏身於的厚落葉堆下。其網狀的外表具有良好的擬態效果，所以行蹤不易被發現。本種為新加坡的特有種，全世界只有在新加坡的淡水沼澤林才能發現。體型為同屬中較大型者，頭胸甲寬可達3.5公分。

編號：14-02
國家：新加坡 / Singapore（1992）

真蟹派
Eubrachyura

全張郵票的邊紙

● 微型隆背蟹 ■

編號：15-01
國家：菲律賓 / Philippines（2008）

學名：*Carcinoplax nana* Guinot,1989
英名：Long-armed crab, Goneplacid Crab
分布：台灣及菲律賓附近海域
生態：在菲律賓，本種棲息於水深30至70公尺的海域，喜好以礁石為底質的棲息地。在台灣則棲息於水深155至634公尺的軟底質海域。為何有如此差異尚不清楚。食性為捕食海中小型的無脊椎動物，也會以動物的屍體為食。往往被台灣東部的漁民以底拖網作業方式捕獲，但因不具經濟價值而遭丟棄。體型嬌小，頭胸甲寬雄蟹可達2.6公分，雌蟹則為1.6公分。

長 腳 蟹 科

菱形長腳蟹 ■

學名：*Goneplax rhomboides*
（Linnaeus, 1758）
英名：Angular crab, Square crab,
Mud runner
分布：大西洋東北部、印度洋西部及地中海海域

編號：15-02
國家：斯塔福島 （蘇格蘭） / Staffa（1974）

生態：棲息於淺海的軟質沙泥地，挖洞躲藏的能力強。受到威脅時會張開雙臂，並快速逃離。毛狀的觸角上會有苔蘚蟲（Bryozoa）與其共生，在螃蟹脫殼前，苔蘚蟲會產出幼蟲，並附著在螃蟹新長出的殼上。頭胸甲寬可達3.7公分。

斑前輝蟹 ■

學名：*Persephona punctata*（Linnaeus, 1758）
英名：Purse crab
分布：加勒比海附近海域
生態：棲息於水深9至18公尺的熱帶淺海海域。喜歡在鄰近礁石區附近的的軟質沙地棲息。甲殼上有大而明顯且左右對稱的色塊斑紋，加上前後移動式的挖洞行為，使其輕易就能隱身躲藏。本種在當地偶爾會被捕蝦業者同時捕獲。頭胸甲寬可達4公分。

編號：16-01
國家：格瑞那達 / Grenada（1990）

編號：16-02
國家：科摩羅伊斯蘭聯邦
共和國 / Comoros

蜘蛛蟹總科 MAJOIDEA
臥 蛛 蟹 科

■臥蛛蟹科 / Epialtidae（MacLeay, 1838）

●紋章藻片蟹 ■

學名：*Huenia heraldica* De Haan, 1837
英名：Spider crab
分布：印度－西太平洋海域
生態：棲息於沿岸的淺海海域，特別喜好棲身於海藻床中，並有良好的擬態。本屬的種類完全不具有前眼窩刺。雄蟹頭胸甲呈長的銳三角形；雌性則因前側緣與肝葉的明顯延展，而使頭胸甲呈葫蘆狀。體色為接近海藻的褐色。頭胸甲長可達2公分。

編號：17-01
國家：馬爾地夫 / Maldives（1978）

※●標示在台灣會出現的螃蟹

臥蛛蟹科

團手栗薩蟹 ▌

學名：*Lissa chiragra*（Fabricius, 1775）
英名：Spider crab
分布：地中海西部海域
生態：棲息於潮下帶的淺海海域。喜好以礁石為底質的棲息地，並以海藻粘附在甲殼上，達到偽裝的效果。夜行穴居，以捕捉小型的無脊椎動物為食，但也會腐食海洋動物的屍體。體色鮮艷，頭胸甲寬可達4公分。

編號：17-02
國家：利比亞 / Libya（1996）

臥蛛蟹科

球形尖胸齒蟹 ▌

學名：*Oxypleurodon orbiculatus*（Guinot & Richer de Forges, 1985）
英名：Spider crab
分布：西太平洋海域
生態：棲息於水深超過250公尺的深海中，底質為砂泥的海域。頭胸甲背面瘤突明顯，兩側並有對稱的大圓齒突，雄蟹螯足明顯較雌蟹粗壯。頭胸甲寬可達2公分。

編號：17-03
國家：新喀里多尼亞 / Nouvelle-Caledonie（1993）

● 斯氏尖胸齒蟹

學名：*Oxypleurodon stimpsoni* Miers, 1886

英名：Stimposon's intricate spider crab

分布：印度—西太平洋海域

生態：棲息於沿岸水深200至250公尺深的海域，尤其喜好於大陸棚及大陸斜坡交接處的軟質沙泥底海域活動，以尋找從淺水層掉落的動物屍體為食。本種雖為常見的種類，但由於體型不大，軀體含肉量不高，並不具經濟價值。

編號：17-04
國家：菲律賓 / Philippines（2008）

全張郵票的邊紙

伸展磯蟹

學名：*Pugettia productus*（Randall, 1840）

英名：Shield-backed kelp crab, Northern kelp crab

分布：北大西洋沿岸海域

生態：棲息於沿海淺水域的海藻林中，白天隱蔽躲藏，夜晚活動力強。身體顏色多變，身體背面以紅色及綠色系為主，少數有黃色的個體，主要配合海藻的背景顏色進行偽裝。以藻食性為主。體型小，頭胸甲長約2.5公分，大於頭胸甲寬1.3公分。

編號：17-05
國家：美國 / USA（2009）

※● 標示在台灣會出現的螃蟹

臥蛛蟹科

卡氏錐刺蟹

學名：*Rochinia carpenteri*（W. Thomson, 1873）

英名：Spider crab

分布：大西洋海域

生態：棲息於超過200公尺的海域，步足細長，喜好於砂泥質的環境中活動。頭胸甲呈梨形，額角長度變異相當大。雄蟹螯足明顯大於雌蟹。體呈黃褐色，頭胸甲寬可達8公分。

編號：17-06
國家：奈及利亞 / Nigeria（1994）

蜘蛛蟹總科 MAJOIDEA
尖頭蟹科　　　　　　尖頭蟹科 / Inachidae（MacLeay, 1838）

晨星刺蛛蟹

學名：*Cyrtomaia ericina* Guinot & Richer de Forges, 1982

英名：Deep-sea spider crab

分布：菲律賓附近深海海域

生態：棲息於水深200至1764公尺的深海域，尤其是大陸斜坡的陡峭邊緣地帶。細長的腳有利於在鬆軟的沙泥地行走。在菲律賓，漁民使用底刺網時，偶爾會捕捉到，但數量並不多，很可能是下網深度不足的關係。本種不具利用價值。頭胸甲寬可達7公分。

編號：18-01
國家：菲律賓 / Philippines（2008）

拉氏刺蛛蟹 ▊

學名：*Cyrtomaia largoi* Richer de
Forges & Ng, 2007
英名：Largo's spider crab
分布：菲律賓附近深海海域
生態：棲息於水深437至443公尺
的深海海域。喜好的環境
相當特殊，為六放海綿綱
（Hexactinellid）玻璃海綿
（glass sponges）分布最多的
場所，但其真正原因不明。本種
為2007年所發表的菲律賓海域
特有種。體型在同屬的種類中屬
於中型，頭胸甲寬可達3公分。

編號：18-02
國家：菲律賓 / Philippines（2008）

賴氏寬足蟹 ▊

學名：*Eurypodius latrelllll* Guerin,
1828
英名：Spider crab
分布：西南大西洋深海海域
生態：棲息於超過100公尺的深海海
域，尤其是砂泥為底質的海域。
體態壯碩，步足細長，螯足粗
壯，頗有蜘蛛的架式。體色以暗
紅棕色為主。頭胸甲長可達6公
分。

編號：18-03
國家：福克蘭群島 / Falkland Islands
（1994）

※❶標示在台灣會出現的螃蟹

●甘氏巨螯蟹

學名：*Macrocheira kaempferi*（Temminck, 1836）

英名：Japanese spider crab

分布：西太平洋深海海域

生態：本種棲息於日本及台灣附近深度為300至400公尺的深海，以沙泥為底質的海域。以從淺海掉落下來的動物屍體為主要食物來源，也會捕捉隱藏於沙泥中的貝類為食。預期的壽命可超過百歲。本種為所有已知的節肢動物中體型最大者，成熟的個體伸展開來可達4公尺，體重可達20公斤。

細長巨足蟹

學名：*Macropodia tenuirostris*（Leach, 1814）

英名：Slender spider crab

分布：東北大西洋海域

生態：棲息於水深9至97公尺的沿岸海域，最深的紀錄可達300公尺。喜好的底質為泥地、硬質地及河口等。為英國附近海域常見的種類。以底棲無脊椎動物及沉入海中的動物屍體為食。頭胸甲為長三角錐型，長可達3.2公分，寬則為1.1公分。

尖頭蟹科

多槳扁蛛蟹

編號：18-08
國家：中華民國 / Republic of China
（1981）

學名：*Platymaia remifera* Rathbun, 1916
英名：Red spider crab
分布：西太平洋深海海域
生態：棲息水深150至700公尺深的海域，以砂泥為底質的區域為主要棲所。步足特別細長，以方便在深海海底的軟泥中站立。不具有食用價值。體長可達3公分。

尖頭蟹科

編號：18-09
國家：菲律賓 / Philippines
（2008）

海研密刺蟹

學名：*Pleistacantha ori* Ahyong & Ng, 2007
英名：deepwater spider crab
分布：印度洋西南方海域
生態：本種棲息於南非至馬達加斯加的深海海域。細長的腳有利在深海的軟泥地行走，其上長出的長棘，為觸覺的重要利器。雄蟹的體型明顯大於雌蟹。依據郵票的文字說明，螃蟹圖片原應為菲律賓海域特有的丹氏雙齒綿蟹（*Dicranodromia danielae*），但因疏失錯植為本種。然而，最後一對步足無明顯縮小的型態，仍可認出郵票上為蜘蛛蟹科（Majidae）的種類，而非屬於人面綿蟹科（Homolodromiidae）的種類。

※⬤ 標示在台灣會出現的螃蟹

尖頭蟹科

❶ 粗甲裂額蟹 ▌

編號：18-10
國家：馬爾地夫 / Maldives（1978）

學名：*Schizophrys aspera*（H. Milne
　　　　Edwards, 1843）

英名：Spider crab

分布：印度－西太平洋海域

生態：棲息於30公尺以內的礁石區海
　　　　域。本種類主要特徵為兩額角側
　　　　面均具附屬額齒，且兩額角間的
　　　　分離裂隙深入額域。對環境適應
　　　　能力強，分布甚為廣泛，全台灣
　　　　珊瑚礁區淺海均可發現。體呈深
　　　　咖啡色，夾雜淡褐色塊斑，各步
　　　　足則為咖啡色。頭胸甲寬可達6
　　　　公分。

尖頭蟹科

長錐狹端蟹 ▌

學名：*Stenorhynchus seticornis*
　　　　（Herbst, 1788）

英名：Arrow crab

分布：加勒比海附近海域

生態：本種造型奇特的螃蟹型態類長腳
　　　　蜘蛛，棲息於淺海珊瑚礁海域。
　　　　行動敏捷快速，能利用肌力強健
　　　　的步足圍捕獵物，讓其無所遁
　　　　逃。由於外型特殊，經常遭到捕
　　　　捉，並放養於水族館中。但由於
　　　　對混養的小魚及管蟲等小型無脊
　　　　椎動物會有攻擊捕食的行為，也
　　　　經常讓飼養者傷透腦筋。體長
　　　　（包含腳長在內）可達15公分。

編號：18-11
國家：巴貝多 / Barbodas（1980）

編號：18-12
國家：聖文森 / ST.Vincent（1987）

編號：18-13
國家：多明尼加 / Dominica（1992）

編號：18-15
國家：英屬特克斯及凱科斯群島 / Turks
& Caicos Islands（2007）

編號：18-14
國家：英屬維爾京群島 / British Virgin Islands（1997）

蜘蛛蟹總科 MAJOIDEA
蜘蛛蟹科

蜘蛛蟹科 / Majidae（Samouelle, 1819）

皺紋蜘蛛蟹

學名： *Maja crispata* Risso, 1827
英名： Lesser spider crab
分布： 地中海附近海域
生態： 棲息於淺海的岩礁區，白天躲藏
於岩縫洞穴中，夜晚才外出覓
食。具有高度的偽裝能力，會將
海藻附著在身上，達到隱蔽的效
果，以致於夜間潛水觀察不易發
現。5月至9月為生殖季節，母蟹
每次的產卵量平均為11,473顆。
體色變化大，雄蟹體型大於雌
蟹，頭胸甲寬可達7.2公分，雌
蟹則為6.1公分。

編號：19-01
國家：法屬波利尼西亞 / Polynesie
Francaise（1991）

合團蜘蛛蟹

學名：*Maja squinado*（Herbst, 1788）
英名：Spinous spider crab, Common spider crab
分布：地中海及歐洲大西洋沿岸海域
生態：棲息於水深3至5公尺的沿岸海域，但也有深至70公尺處發現的紀錄。頭胸甲為卵圓形，其上有為數衆多的棘。多分布在以礁石為底質的區域，尤其是海藻叢生的藻床。體色為黃棕色或紅棕色。體型大，為義大利、法國及英國南部頗受歡迎的食用蟹類。頭胸甲長可達24公分。

編號：19-02
國家：澤西島 / Jersey（1973）

編號：19-03
國家：斯塔福島（蘇格蘭）/ Staffa（1974）

編號：19-04
國家：斯塔福島（蘇格蘭）/ Staffa（1982）

編號：19-05
國家：塞內加比亞及尼日爾 / Senegal（1992）

編號：19-06
國家：加彭（法屬剛果）/ Gabonaise（1993）

編號：19-07
國家：迦納 / Ghana（1993）

編號：19-08
國家：澤西島 / Jersey（1993）

編號：19-09
國家：利比亞 / Libya（1996）

編號：19-10
國家：馬爾他 / Malta（1999）

蜘蛛蟹科

鉗足擬寶石蟹

學名：*Mlthraculus forceps* A. Milne-Edwards, 1875

英名：Red-ridged clinging crab; Aka red mithrax crab;Yellow coral crab

分布：大西洋西岸佛羅里達、加勒比海至巴西海域

生態：棲息於潮間帶到水深90公尺處的岩礁海岸及礁石洞穴中，喜歡躲藏於石塊及死珊瑚之下。某些地區會出現在潮間帶及淺水海域之間，也可能出現在外海的礁石區，並隱身於海葵內。以藻食性為主。雄蟹體型大於雌蟹，體色相當多變，從朱紅色到黃棕色都有，偶而也能發現紫色的個體，大型水族館經常飼養。

編號：19-11
國家：英屬維爾京群島 / British Virgin Islands（1979）

蜘蛛蟹科

真蟹派
Eubrachyura

雕紋擬寶石蟹

學名：*Mithraculus sculptus*
　　　（Lamarck, 1818）
英名：Green reef crab
分布：佛羅里達附近、加勒比海至巴西海域
生態：棲息於沿岸淺海的礁石區、海藻藻床及指狀的珊瑚礁台海域，數量眾多，幾乎在每塊的礁石、貝殼及珊瑚骨骼破片下均可發現其蹤跡。硬骨魚類及其他魚類會隨著潮水游近捕食牠們。體色為暗綠色。體型小，頭胸甲長可達2.5公分。

編號：19-12
國家：格瑞那達 / Grenada（1990）

編號：19-13
國家：安地卡和巴布達 / Antigua &
　　　Barbuda（2005）

蜘蛛蟹科

編號：19-14
國家：巴拿馬 / Panama
　　　（1976）

編號：19-15
國家：聖文森 / ST.Vincent（1985）

編號：19-16
國家：格瑞那達 / Grenada（1990）

編號：19-17
國家：尼維斯島 / Nevis（1990）

多棘寶石蟹

學名：*Mithrax spinosissimus* （Lamarck, 1818）
英名：Carbbean king crab, Spiny spider crab, Cabouca
分布：佛羅里達附近及加勒比海海域
生態：棲息於淺海珊瑚礁或岩礁海域，夜行性，以藻類及小型海洋動物屍體為食。頭胸甲及步足呈磚紅色，螯足為玫瑰紅，指尖則為黃色。體型大，頭胸甲寬可達17公分。

牧人魁蟹

學名：*Chinoecetes opilio*
　　　（Fabricius, 1780）
英名：Spider crab
分布：北太平洋冷水海域
生態：棲息於北太平洋水溫低於3度的
　　　冷水域，以50至600公尺的深度
　　　為棲息範圍，但深至2,200公尺
　　　也有捕獲的紀錄。以砂泥底質海
　　　域為主要分布地。個體性成熟的
　　　時間受水溫的影響很大。本種為
　　　日本、北韓及白令海附近國家重
　　　要的食用蟹類。體色以紅棕色為
　　　主，頭胸甲寬可達13公分。

編號：20-01
國家：北韓 / DPR Korea （1967）

編號：20-02
國家：卡西里特努瓦特（格陵蘭）/
　　　Kalaallit Nunaat （1993）

編號：20-03
國家：韓國 / Korea （1993）

編號：20-04
國家：日本 / Japan （1999）

編號：20-05　　　　編號：20-06
國家：日本 / Japan （2001）　國家：日本 / Japan （2007）

※ ● 標示在台灣會出現的螃蟹

蛛形互愛蟹

學名：*Hyas araneus*（Linnaeus, 1758）
英名：Great spider crab
分布：英國至挪威及冰島附近海域
生態：棲息於低潮帶至水深50公尺的淺海海域。棲地為粗砂、礫石和礁石等底質的環境。本種為相當常見的種類。頭胸甲呈梨型。體色以墨綠色系為主，頭胸甲長可達10.5公分。

編號：20-07
國家：冰島 / Iceland（1985）

編號：20-08
國家：卡西里特努瓦特（格陵蘭）/ Kalaallit Nunaat（1993）
右上

窄額互愛蟹

學名：*Hyas coarctatus* Leach, 1815
英名：Spider crab
分布：英國至挪威及北大西洋附近海域
生態：棲息於低潮帶淺水域到水深100公尺的近海海域。喜好細砂及粗砂混合的環境。頭胸甲後半部狀似球根，與分布地域相仿的蛛形互愛蟹（*H. araneus*）相較，其眼窩後棘的後方明顯較為寬圓。體色以紅棕色系為主，頭胸甲長可達7公分。

編號：20-08
國家：卡西里特努瓦特（格陵蘭）/ Kalaallit Nunaat（1993）
左下

中華虎頭蟹

學名：*Orithyia sinica* （Linnaeus,1771）
英名：Tiger crab
分布：西太平洋北方及南方海域
生態：中華虎頭蟹分布於東亞香港到韓國的
　　　大陸棚海域，但夾在其間地理區的台
　　　灣、琉球及日本卻不見其蹤跡。會利
　　　用特化的腳將自身埋藏於海底沙泥
　　　中，但不會完全隱藏。本種由於背部
　　　具有大眼及條紋狀的腳，在中國大陸
　　　南方稱為虎頭蟹，韓國則稱為虎蟹。
　　　漁民多以底刺網捕捉，雖然產量少，
　　　但仍具有高經濟食用價值及觀賞價
　　　值。

編號：21-01
國家：韓國 / Korea（2006）

菱蟹總科 PARTHENOPOIDEA
菱 蟹 科

菱蟹科 / Parthenopidae（MacLeay, 1838）

長手菱蟹

學名：*Parthenope longimanus*
　　　（Linnaeus, 1764）
英名：Long - armed crab
分布：西太平洋海域
生態：棲息於沿近海水深60至70公尺
　　　的海域，常潛藏埋伏於砂泥底中
　　　以方便避敵。以有機碎屑及海洋
　　　動物的屍體為食。頭胸甲呈菱角
　　　形、螯足特別長，是本種的主要
　　　特徵。體色以棕褐色為主，頭胸
　　　寬可達1.7公分。

編號：22-01
國家：中華民國 / Republic of China
　　　（1981）

※ 標示在台灣會出現的螃蟹

菱 蟹 科

團形擬菱蟹

學名：*Parthenopoides massena*
　　　（Roux, 1830）
英名：Massena elbow crab
分布：大西洋東北部、地中海及非洲西
　　　部附近海域
生態：棲息於水深7至9公尺的淺海沿
　　　岸海域，喜好以沙泥為底的軟質
　　　地。善於隱身躲藏，以底棲無脊
　　　椎動物為食。本種體型不大，頭
　　　胸甲寬可達1.8公分。

編號：22-02
國家：賽普勒斯 / Cyprus（2001）

菱 蟹 科

強壯菱蟹

學名：*Parthenope valida* De Haan,
　　　1839
英名：Strong-armed crab
分布：印度－西太平洋海域
生態：棲息於沿海水深50至200公尺的
　　　海域，尤其是砂泥或貝殼砂為底
　　　質的海底，以有機碎屑及海洋動
　　　物的屍體為食。頭胸甲呈菱角
　　　形，瘤突明顯，螯足碩大。棕褐
　　　色為主要色系，頭胸寬可達1.8
　　　公分。

編號：22-03
國家：北韓 / DPR Korea（1990）

細毛毛刺蟹 ■

學名：*Pilumnus hirtellus*（Linnaeus, 1761）
英名：Bristly crab, Brown hairy crab
分布：大西洋東北部海域
生態：棲息低潮帶至水深80公尺的沿岸海域。適應環境的能力甚強，泥、岩礁及藻床等不同底質的海域皆可發現其蹤跡，在當地屬於常見的種類。全身長有細毛，可黏附沙泥及藻類等物質，以達到隱身保護的偽裝效果。以有機碎屑及動物屍體為食。頭胸甲寬可達3公分。

編號：23-01
國家：利比亞 / Libya（1996）

毛刺蟹科

毛刺蟹屬 ■

學名：*Pilumnus sp*
英名：Hairy crab
分布：依種類不同，分布於熱帶至溫帶海域
生態：棲息於淺海海域，喜好礁石為底質的棲地。許多種類全身長滿長毛，善於進行與環境相容的偽裝行為。大量的蚤狀幼苗（zoea）在海中隨著海流飄散，只有極少數的幸運個體有機會存活下來。

編號：23-02
國家：葡萄牙 / Portugal（1998）

※ ● 標示在台灣會出現的螃蟹

❶ 顆粒查氏蟹 ▌

學名：*Chaceon granulatus* （T. Sakai, 1978）
英名：Geryon, Giant deepewater crab
分布：西太平洋深海海域。
生態：棲息水深250至500公尺的深海冷水
域，喜好砂泥底質的水域棲息。身
上常見到焦黑狀的塊斑，有學者懷
疑是遭到深海熱泉所燙傷。體型雖
然碩大，性情卻膽小怕生，在日本
當作是食用種類，可惜數量不多。
台灣海洋大學海洋生物研究所已有
飼養成功的經驗。體色以棕黑色為
主。頭胸甲寬可達15公分。

編號：24-01
國家：帛琉 / Palau （1993）

怪 蟹 科

海洋查氏蟹 ▌

學名：*Chaceon marita*（Manning & Holthuis, 1981）
英名：West African geryon
分布：西非深海海域
生態：棲息於水深180至450公尺的深
海海域，砂泥為底質的海域特別
容易發現牠的存在。體形壯碩，
步足細長健壯，使其容易站立在
海底的軟泥上。在當地具有食用
價值。體色以黃棕色為主。頭胸
甲寬可達12公分。

編號：24-02
國家：奈及利亞 / Nigeria （1993）

編號：24-03
國家：納米比亞 / Namibia （2008）

編號：24-04
國家：奈及利亞 / Nigeria（1993）

五齒查氏蟹

學名：*Chaceon quinquedens*（Smith,1879）

英名：Deep sea red crab

分布：西北大西洋、緬因灣及墨西哥灣等海域

生態：棲息於水深200至1800公尺的深水海域。棲息地相當多樣，沙地、泥地及硬質海床都可發現蹤跡。緬因海灣發現的族群則可現身於75公尺水深的較淺海域。雄蟹會等待雌蟹脫殼時進行交配，交配後的母蟹抱卵期為9個月，幼蟹的浮游期則為23天至125天不等。本種螃蟹具有高經濟食用價值，有相當大的漁業產值。雄蟹成熟體型甲寬可達18公分，大於成熟雌蟹的12公分。

梭子蟹總科 PORTUNOIDEA
梭子蟹科
梭子蟹科 / Portunidae（Rafinesque, 1815）

編號：25-01
國家：喀麥隆 / Cameroon（1968）

小黑優游蟹

學名：*Callinectes amnicola*（Rochebrune, 1883）

英名：Big fisted swim crab, Blue crab

分布：非洲西部河口域

生態：棲息於河口域鹽度變化大的的汽水區，也能於海岸濕地及紅樹林泥灘地發現。夜行性，食性廣，隨著體型大小的不同取食不同食物，以矽藻、有機碎屑、藻類、魚類、甲殼動物為食。當成熟時，會往較高的地區移動。西非國家人民常捕捉食用。頭胸甲寬可達7.5公分。

※ 標示在台灣會出現的螃蟹

梭子蟹科

緣溝優游蟹 ▊

學名：*Callinectes marginatus*（A. Milne Edwards, 1861）

英名：Sharptooth swimcrab, Marbled swim crab

分布：大西洋東部及中部海域

生態：棲息於淺水海域，水流流動及靜止的水域皆可發現。白天將身體埋藏於沙泥中，只露出眼部觀望外界動靜。夜晚則外出覓食甲殼動物及單殼貝類等無脊椎動物，也會以腐肉為食。本種在非洲當地不具有經濟漁獲價值，但有時會被飼養魚水族箱中，成為具有觀賞價值的蟹種。頭胸甲寬可達10公分。

編號：25-02
國家：葡屬安哥拉 / Angola（1998）

梭子蟹科

美味優游蟹 ▊

學名：*Callinectes sapidus* Rathbun, 1896

英名：Blue crab

分布：橫跨歐美的北大西洋及地中海等海域

生態：棲息於沿岸海域、淡水域及河口域，在海中的活動深度通常為35公尺，最深可達90公尺。河口域及淺海域為主要的生殖場所，幼苗孵化後會往較深的海域移棲。本種為相當著名的食用蟹類，體型大，頭胸甲寬可22.7公分。

編號：25-03
國家：美國 / USA（1945）

編號：25-04
國家：美國 / USA（1949）
*螃蟹在中間偏左海灣內

編號：25-05
國家：古巴 / Cuba（1969）

編號：25-06
國家：聖文森 / ST.Vincent（1977）

編號：25-07
國家：貝里斯群島 / Cayes of
　　　Belize（1984）

編號：25-08
國家：帛琉 / Palau（1986）

編號：25-09
國家：帛琉 / Palau（1986）

編號：25-10
國家：美國 / USA（1989）

編號：25-11
國家：尼維斯島 / Nevis（1990）

※ 🦀 標示在台灣會出現的螃蟹

編號：25-13
國家：英屬維爾京群島 / British Virgin
Islands（1997）

編號：25-12
國家：坦尚尼亞 / Tanzania（1994）

編號：25-14
國家：格瑞那達 / Grenada（1998）

編號：25-15
國家：多明尼加 / Dominica（2001）

編號：25-16
國家：多明尼加共和國 / Dominicana
　　　（2009）

編號：25-17
國家：聖多美及普林西比 / S.Tome E Principe（2009）

梭子蟹科

艾氏濱蟹 ▮

學名：*Carcinus aestuarii* Nardo, 1847
英名：Mediterranean shore crab
分布：地中海及黑海海域
生態：棲息於沿岸潮間帶及淺海海域，尤其是以沙泥底質的海底為主要活動區域。最末一對步足指節不是扁槳狀，而呈細長的柳葉狀。具食用價值，當地漁民以地曳網及小型底拖網捕捉。頭胸甲寬可達6公分。

編號：25-18
國家：阿爾巴尼亞 / Shqiperia（1968）

編號：25-19
國家：保加利亞 / Bulgaria（1996）

梭子蟹科

美娜斯濱蟹 ▮

學名：*Carcinus maenas*（Linnaeus, 1758）
英名：European green crab, European shore crab
分布：大西洋東北部海域
生態：棲息於潮間帶或河口域附近，喜好的棲地種類甚廣，舉凡沙地、泥地、礁石及鹽水沼澤等，均可見其蹤跡。對於環境溫度及鹽度變化的適應能力強，隨著人類船隻的移動而散佈，原本只在歐洲海域出現，現在已能在美國（東岸及西岸）、阿根廷、南非及澳洲等國的溫帶海域發現。成為危害當地海域生態的入侵外來物種。頭胸甲寬可達9公分。

編號：25-20
國家：爸海灣島（蘇格蘭）/
　　　Isle of Pabay（1966）

編號：25-21
國家：荷蘭 / Nederland（1967）

編號：25-22
國家：富介拉（阿拉伯聯合大公國邦國之一）/ Fujeira（1992）

編號：25-23
國家：利比亞 / Libya（1996）

編號：25-24
國家：突尼西亞共和國 / Tunisienne
（1998）

編號：25-25
國家：荷蘭 / Nederland（2003）

編號：25-26
國家：聖多美普林西比 / S.Tome E
Principe（2003）

編號：25-27
國家：根西島 / Guernsey
（2007）

編號：25-28
國家：英國 / United Kingdom
（2007）

❶善泳蟳 ▌

學名：*Charybdis*（*Charybdis*）
natator（Herbst, 1794）
英名：Swimming crab
分布：印度－西太平洋海域
生態：本種主要棲息於水深15至50公
尺的淺海海域，喜好以沙泥為底
質的海域，部份礁石區也可見其
活動。本種具有經濟食用價值，
在台灣相當常見，有「石蟳」的
稱呼，常見漁民捕捉及市場販
售。頭胸甲寬可達7公分。

編號：25-29
國家：巴林 / Bahrain（2003）

❶雙斑蟳 ▌

學名：*Charybdis*（Gonioneptunus）
bimaculata（Miers, 1886）
英名：Swimming crab
分布：印度－西太平洋海域
生態：棲息於水深30至60公尺的海域，
並喜好砂泥為底質的海域。善於
潛沙及游泳，為底拖網漁業捕獲
的對象。體呈鼠灰色，後鰓域各
有一紅棕色的小點。體型小，頭
胸甲寬可達2.8公分。

編號：25-30
國家：越南 / Vietnam（1993）

梭子蟹科

荷砮光背蟹

學名：*Liocarcinus holsatus*
　　　（Fabricius, 1798）
英名：Flying crab
分布：大西洋東北部海域
生態：棲息於亞潮帶及近海海域，喜好
　　　沙地及碎石地為底質的環境。最
　　　後一對步足的指節呈扁槳狀，讓
　　　其游泳快速如飛，所以有「飛
　　　蟹」之稱。在歐洲附近海域屬
　　　常見的種類，而某些海域在其身
　　　上常見有藤壺寄生。體型小，
　　　雌蟹平均頭胸甲寬2.6公分即會
　　　抱卵；雄蟹頭胸甲寬則可達4公
　　　分。

編號：25-31
國家：西班牙 / Espana（1967）

梭子蟹科

圓球光背蟹（紫斑光背蟹）

學名：*Lissocarcinus orbicularis* Dana,
　　　1852
英名：Sea cucumber crab, Holoturian
　　　harlequin crab
分布：印度－太平洋海域
生態：棲息於海岸穩定的灣區、潟湖的淺
　　　海域，尤其喜好沙地為底質的海
　　　域。棕色及白色斑紋可有兩型：
　　　棕底白斑或白底棕斑。通常與海
　　　參科（Holothuriidae）白尼參屬
　　　（Bohadschia）的種類共生，當遇到
　　　敵害時，會迅速躲入海參的肛門內，屬
　　　於對自己有利但對海參無害的片利共生
　　　行為。體型小，頭胸甲長約為3公分。

編號：25-32
國家：索羅門群島 / Solomon Islands
　　　（1993）

編號：25-33
國家：吉里巴斯 / Kiribati（1996）

普柏磨面蟹

學名： *Necora puber* (Linnaeus, 1767)

英名： Velvet swimming crab

分布： 歐洲西北部、非洲西部及地中海等海域

生態： 棲息於亞潮帶至淺海水深約20公尺的海域。喜好隱蔽躲藏，並喜好礫石為底質的區域活動。性情殘暴，移動快速。本種類的數量甚多，在某些區域有商業性的採補行為。體呈黑褐色，眼睛為紅色。頭胸甲寬可達6.5公分。

編號：25-34
國家：聖克里斯多福 / St. Christopher Nevis Anguilla（1978）

編號：25-35
國家：塞內加比亞及尼日爾 / Senegal（1992）

編號：25-36
國家：澤西島 / Jersey（1994）

編號：25-37
國家：利比亞 / Libya（1996）

梭子蟹科

強壯單氏蟹 ▌

學名：*Sanquerus validus*
　　　　（Herklots,1851）
英名：Swimming crab
分布：非洲西部海域
生態：棲息於沿近海海域，尤其喜好以
　　　　沙或沙泥為底質的區域活動。第
　　　　四對步足指節呈扁槳狀，頭胸甲
　　　　兩側側緣有大棘突出，都有助於
　　　　游泳行為。具有經濟食用價值。
　　　　體呈綠褐色或紫褐色。頭胸甲寬
　　　　可達12公分。

編號：25-38
國家：象牙海岸 / Cote Divoir（1971）

梭子蟹科

眼斑圓趾蟹 ▌

學名：*Ovalipes ocellatus*（Herbst,
　　　　1799）
英名：Lady crab, Calico crab
分布：西大西洋海域
生態：棲息於深度較淺的海域，以沙為
　　　　底質的棲息地。為了防止浪的衝
　　　　擊，會將身體半埋於沙中，利用
　　　　甲殼的斑紋，具有絕佳的偽裝效
　　　　果。若大浪將其捲起，會迅速鑽
　　　　沙躲藏。以伏擊的方式捕捉魚
　　　　類、貝類或其他螃蟹，食性為掠
　　　　食性及腐食性兼具。頭胸甲寬可
　　　　達4公分。

編號：25-39
國家：聖多美及普林西比 / S.Tome E
　　　　Principe（2003）

編號：25-40
國家：拉斯海瑪 / Rasal Khaima
　　　（1971）下方

🔴 細點圓趾蟹

學名：*Ovalipes punctatus* （De Haan, 1833）
英名：Sand crab, Three-spot swimming crab
分布：廣世界亞熱帶及溫帶海域
生態：棲息於淺海5至60公尺沙質為底質的海域。夜行性，以捕捉軟體動
物為食。母蟹會游到較深海處產卵，抱卵期為20天。由於頭胸甲上
有H形的白色斑紋，如牛蹄印一般，俗稱為「牛角蹄」。本種在台
灣為常見種，具有高經濟價值。壽命可達2至2.5年。頭胸甲寬可達9
公分。

🔴 看守長眼蟹

學名：*Podophthalmus vigil*
　　　（Fabricius, 1798）
英名：Long-eyed Swimming
　　　Crab, Sentinel crab
分布：印度－西太平洋海域
生態：棲息於水深5公尺至30公尺
的淺海，喜好海底為沙泥底
質的海域。會潛入沙中將眼
柄伸出張望，以躲避敵害
及捕食小型無脊椎動物，
所以有看守蟹（Sentinel
crab）的稱呼。在台灣，
漁民常用底刺網或拖網捕
獲。頭胸甲寬可達10公分。

編號：25-41
國家：馬爾地夫 / Maldives（1978）

※ 🔴 標示在台灣會出現的螃蟹

編號：25-42
國家：土耳其 / Turkyie（1998）

側足梭形蟹

學名：*Portumnus latipes*（Pennant, 1777）
英名：Pennant crab, Pennant's swimming crab
分布：大西洋東部及東北部、地中海及黑海等海域
生態：棲息於沿岸的淺海，偶而也出現在潮間帶淺水區。擅於挖沙並將身體埋藏其中，甲殼上的細斑在沙中可達到良好的偽裝效果。一方面可躲過章魚等天敵，一方面可等待捕食貝類等小型無脊椎動物。本種分布的海域廣，為常見的種類。體型小，頭胸甲寬可達2.7公分。

顆粒梭子蟹

學名：*Portunus granulatus*（H. Milne Edwards,1834）
英名：Swimming crab
分布：印度－西太平洋海域
生態：棲息於潮間帶至水深2公尺的珊瑚礁地形，善於隱蔽躲藏。頭胸甲凹凸不平，除顆粒外，並有不少瘤狀突起。體色以土黃色為主，並夾雜有深綠色的不規則斑紋。甲寬可達2.2公分。

編號：25-43
國家：馬爾地夫 / Maldives（1978）

梭子蟹科

❶ 遠海梭子蟹

學名：*Portunus pelagicus*
　　　　（Linnaeus, 1758）
俗名：虫截仔
英名：Blue swimming crab
分布：印度－西太平洋海域
生態：棲息於潮間帶至水深50公尺的沙
泥底質海域。體型較小的成蟹及
幼蟹可於沙泥灘潮間帶的潮池中
發現。頭胸甲前側緣最末的大棘
向側方突出，以及最末一對的步
足指節為扁槳狀，都是利於游泳
的構造。具高食用價值。雄蟹體
呈暗紫色，其間雜有淡色雲斑花
紋，雌蟹則偏黃綠色。頭胸甲寬
可達14公分。

真蟹派　Eubrachyura

編號：25-44
國家：越南 / Vietnam（1965）

編號：25-45
國家：富介拉（阿拉伯聯合大公國邦
國之一）/ Fujeira（1972）

編號：25-46
國家：吉爾柏特及埃里斯群島 /
　　　Gilbert & Ellice（1975）

編號：25-47
國家：泰國 / Thailand（1979）

編號：25-48
國家：莫三比克 / Macambique
　　　（1981）

編號：25-49
國家：越南 / Vietnam（1993）

編號：25-50
國家：索馬利亞 / Somalia（1998）

編號：25-51
國家：坦尚尼亞 / Tanzania

※ ❶ 標示在台灣會出現的螃蟹

梭子蟹科

❶紅星梭子蟹 ▊

編號：25-52
國家：越南 / Vietnam（1993）

學名：*Portunus sanguinolentus*
（Herbst, 1783）
英名：Red spot crab
俗名：三點仔、三目仔、虫截仔
分布：印度－西太平洋海域
生態：棲息於沿近海10至60公尺以沙
或沙泥為底質的海域，幼蟹則可
於沙泥灘潮間帶的潮池中發現。
全年可發現抱卵的母蟹，為具有
經濟食用價值的種類。體呈黃綠
色，背甲後半部具有三個橢圓形
暗紅色斑，斑緣並有乳白色暈圍
繞。頭胸甲寬可達13公分。

梭子蟹科

賽氏梭子蟹 ▊

編號：25-53
國家：尼維斯島 / Nevis（1990）

學名：*Portunus sayi*（Gibbes,
1850）
英名：Sargassum crab
分布：北大西洋及大西洋中部海域
生態：棲息於大洋中，屬於遠洋性活動
的種類，有時候會隨著洋流漂
流至沿岸海域。大部分的時間
會隱身於漂浮性的大型馬尾藻
（Sargassum）身上，除了以
擬態獲得海藻保護外，並在其間
交配產卵。頭胸甲主要呈深黃褐
色或紫褐色。頭胸甲寬可達6.4
公分。

廣告回函
台北郵局登記證
台北廣字第1061號

① 0 6 - 9 6

姓名：

地址：

佳赫文化行銷有限公司　收

台北市大安區忠孝東路四段341號11樓之3

高談文化、序曲文化、華滋出版 讀者回函卡

謝謝您費心填寫回函、寄回（免貼郵票），就能成為我們的 VIP READER。未來除了可享購書特惠及不定期異業合作優惠方案外，還能早一步獲得最新的新書資訊。

姓名：＿＿＿＿＿＿＿ □男 □女 生日：＿＿＿ 年＿＿ 月＿＿ 日

E-mail：＿＿＿＿＿＿＿＿＿＿＿＿＿＿＿＿＿＿＿＿＿＿＿＿＿＿＿＿＿

職業：＿＿＿＿＿＿ 電話：＿＿＿＿＿＿＿ 手機：＿＿＿＿＿＿＿

●**購買書名**：＿＿＿＿＿＿＿＿＿＿＿＿＿＿＿＿＿＿＿＿＿＿＿＿

●**您從何處知道這本書**：＿＿＿＿＿＿＿＿＿＿＿＿＿＿＿＿＿＿

□書店（□誠品 □金石堂） □網路or電子報 □廣告DM

□報紙 □廣播 □親友介紹 □其他

●**您通常以何種方式購書**（可複選）

□逛書店 □網路書店 □郵購 □信用卡傳真 □其他

●**您對本書的評價**：

（請填代號：1.非常滿意 2.滿意 3.普通 4.不滿意 5.非常不滿意）

□定價 □內容 □版面設計 □印刷 □整體評價

●**您的閱讀喜好**：

□音樂 □藝術 □設計 □戲劇 □建築

□傳記 □旅遊 □散文 □時尚

●**您願意推薦親友獲得高談文化新書訊息**：

姓名：＿＿＿＿＿＿＿ E-mail：＿＿＿＿＿＿＿＿＿＿

電話：＿＿＿＿＿＿＿ 地址：＿＿＿＿＿＿＿＿＿＿

●**您對本書的建議**：＿＿＿＿＿＿＿＿＿＿＿＿＿＿＿＿＿

＿＿＿＿＿＿＿＿＿＿＿＿＿＿＿＿＿＿＿＿＿＿＿＿＿＿＿＿＿＿

＿＿＿＿＿＿＿＿＿＿＿＿＿＿＿＿＿＿＿＿＿＿＿＿＿＿＿＿＿＿

更多最新的高談文化、序曲文化、華滋出版新書與活動訊息請上網查詢：
http:www.cultuspeak.com.tw 高談文化網站
http:www.wretch.cc/blog/cultuspeak 高談部落格

梭子蟹科

斑紋梭子蟹 ▌

學名：*Portunus sebae*（H.Milne Edwards,1834）

英名：Spotted portunus, Spotted swimming crab

分布：加勒比海海域

生態：棲息於沿岸以沙及沙泥為底質的海域。頭胸甲側緣有長棘突出，第四對步足指節呈扁槳狀，皆為有助於游泳的構造。體呈灰褐色，其上並有兩個明顯的橢圓形塊斑。頭胸甲寬可達15公分。

編號：25-54
國家：格瑞那達 / Grenada（1990）

梭子蟹科

●三疣梭子蟹 ▌

學名：*Portunus trituberculatus*（Miers,1876）

英名：Swimming crab

俗名：蝤仔

分布：印度―西太平洋（包括紅海）海域

編號：25-55
國家：北韓 / DPR Korea（1967）

生態：棲息水深5至80公尺的海域，喜好於沙或沙泥底質的內灣或近內灣處活動。春夏二季為雌蟹的抱卵季節。幼體的蚤狀幼體變態為5期。具食用價值。體色以褐綠色為主，螯足兩指指節前端為鮮紅色。頭胸甲寬可達15公分。

編號：25-40
國家：拉斯海瑪 / Rasal Khaima（1971）上方

編號：25-56
國家：印尼 / Indonesia（2004）

※● 標示在台灣會出現的螃蟹

側手青蟹

學名：*Scylla paramanosian Estampador ,1949*

英名：Mangrove crab, Mud crab

俗名：白蟳、粉蟳、正蟳

分布：印度—西太平洋海域

生態：棲息於潮間帶泥灘、河口、紅樹林及陸棚海域，對環境的適應力強。夜行為主，掠食性強。本種特徵為額緣齒尖銳，螯腳腕節外側面具一低平顆粒，掌部（可動指基部後方）有兩枚銳刺。本種的性情溫和，對海水鹽度變動的適應能力強，是相當理想的養殖對象。體型為梭子蟹科中最大者，頭胸甲寬可達20公分。

編號：25-57
國家：越南 / Vietnam（1965）

編號：25-58
國家：泰國 / Thailand（1979）

編號：25-59
國家：越南 / Vietnam（1993）

編號：25-60
國家：帛琉 / Palau（1999）

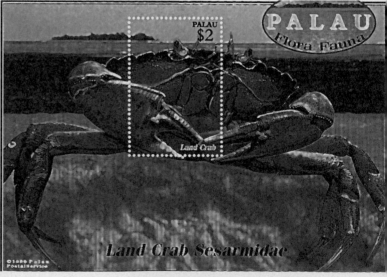

編號：25-61
國家：帛琉 / Palau（2004）

鋸緣青蟹

編號：25-62
國家：莫三比克 / Macambique（1981）

學名：*Scylla serrata*（Forskal,1775）
英名：Mangrove crab, Mud crab
俗名：花腳、砂蟳
分布：印度—西太平洋海域
生態：棲息於潮間帶泥灘、河口、紅樹
林等淺海海域。夜行為主，嗅覺
敏銳，以螯足為攻擊及防禦武
器，鮮少天敵。本種特徵為額緣
齒尖銳，螯腳腕節外側面具二枚
明顯尖銳刺，掌部（可動指基部
後方）有兩枚退化鈍刺。具高經
濟食用價值，且能當作飼養的對
象。頭胸甲寬可達15公分。

編號：25-63
國家：斐濟群島 / Fiji（1991）

編號：25-64
國家：東加 / Tonga（2001）

編號：25-65
國家：巴布亞紐幾內亞 / Papua New Guinea（1982）

※ ● 標示在台灣會出現的螃蟹

梭子蟹科

四齒擬短槳蟹

學名：*Thalamitoides quadridens*
A. Milne Edwards, 1869
英名：Swimming crab
分布：西太平洋海域
生態：棲息於潮間帶至水深5公尺的淺
海海域。身體扁平，喜好躲藏於
硬的基質下或岩縫中。夜行肉食
性，性情凶猛，攻擊性強。體色
以紫褐色為主。頭胸甲寬可達
4.5公分。

編號：25-66
國家：澳屬科科斯島 / Cocos
(Keeling) Islands（1992）

溪蟹總科 POTAMOIDEA
溪 蟹 科 | **溪蟹科 / Potamidae（Ortmann, 1896）**

新加坡柔佛蟹

編號：26-01
國家：新加坡 / Singapore（1992）

學名：*Johora singaporensis*（Ng, 1986）
英名：Singapore freshwater crab
分布：新加坡淡水域
生態：棲息於新加坡的武吉巴督自然公園（Bukit Batok Nature Park）
及武吉知馬自然保護區（Bukit Timah Nature Reserve）的淡水沼
澤地，但前者經調查族群已經消失，只剩下後者。本種數量不多，
與其他淡水螃蟹的棲息地有重疊的現象。本種螃蟹為新加坡淡水
域的特有種，2008年已被列入世界保育聯盟（IUCN）的極危等級
（CR），生存極受威脅，例如人為開發造成水位下降及棲息地的干
擾等，都會影響其生存。若保護不當，非常有可能從地球上消失。
頭胸甲寬可達2.5公分。

編號：26-02
國家：尼日 / Niger（1975）

河棲溪蟹

學名：*Potamon fluviatile*（Herbst,1785）

英名：Lenten crab

分布：歐洲南部淡水域

生態：本種棲息於淡水河岸的周邊，喜好挖掘洞穴棲住。春天到秋天為活躍期，冬天則鮮少外出活動。以夜行性為主，以防範天敵的攻擊。母蟹約可產下200粒卵，40餘天即可孵出小螃蟹。本種為歐洲南部流入地中海的河川常見的種類，頭胸甲寬可達4.5公分。

瑟皇后泰腹蟹

學名：*Thaiphusa sirikit*（Naiyanetr, 1992）

英名：Sirikit's freshwater crab

分布：泰國淡水沼澤地

編號：26-03
國家：泰國 / Thailand（1994）

生態：本種棲息於淡水沼澤地，身體寬厚，挖洞能力強。以有機落葉及碎屑為食。平時躲藏於洞穴中，昏暗的時間才外出覓食。色彩多樣，以紅、白及黑的顏色為主，顯現出自然界中的警戒色，使外敵不敢輕易嘗試捕食。本種為泰國的特有種，以泰國皇后Sirikit之名命名，以表尊敬。頭胸甲寬可達3.8公分。

※ ● 標示在台灣會出現的螃蟹

編號：26-04
國家：泰國 / Thailand（1994）

珠公主泰溪蟹 ▮

學名：*Thaipotamon chulabhorn* Naiyanetr, 1993
英名：Chulabhorn's freshwater crab
分布：泰國淡水沼澤地
生態：棲息於淡水沼澤附近，尤其是水草叢生的軟泥質地。挖洞而棲，平時躲藏於洞穴中，在昏暗時分或夜晚才外出覓食，以有機碎屑及落葉等為食。體色色差明顯，甲殼為黑褐色，五對足為紅棕色，相當美麗。本種為泰國的特有種，以泰皇第三位公主Chulabhorn之名命名，以表敬意。頭胸甲寬可達3.8公分。

仿溪蟹總科 POTAMONAUTINAE
仿溪蟹科

▮ 仿溪蟹科 / Potamonautidae（MacLeay,1838）

仿溪蟹 ▮

學名：*Potomonautes sp.* Macleay,
　　　1838
英名：freshwater crab
分布：非洲西部淡水域
生態：仿溪蟹科的種類，僅分布於非洲西部熱帶地區，以及其鄰近的區域，其中仿溪蟹屬的種類最具代表性。是當地溪流中常見的螃蟹，以河川中的落葉及有機碎屑為食。由於地理上的隔離，發現的種類超過70種，此外，也發現不少本種的化石。頭胸甲寬約達3.5公分。

編號：27-01
國家：布吉納法索 / Burkina Faso（2000）

海地端葉蟹

學名：*Epilobocera haytensis* Rathbum,1893

英名：Hispaniolan freshwater crab, Pseudothelphusid land crab

分布：多明尼加共和國及海地的淡水域

生態：棲息於山地的淡水溪流中，並躲藏於石縫洞穴或石塊下。母蟹會將卵抱於腹部，待卵孵化成小蟹後，再到溪流邊將小蟹釋放出去。本種因當地人過度捕捉食用，已瀕臨絕種，目前在多明尼加共和國中央山地的自然保留區，尚可發現小的族群量。

編號：28-01
國家：多明尼加共和國 / Dominicana
（2009）

假細腰蟹科

齒緣洼諾蟹

學名：*Guinotla dentata*（Latreille, 1825）

英名：River crab, Siwik

分布：加勒比海附近海域

生態：棲息於加勒比海安第列斯群島（Antilles）上的中上游河川、湖泊及淡水溼地中，分布高度可達850公尺。雖然喜歡乾淨清潔的水域，但也可於離河川數十公尺的距離活動。繁殖期在春夏之際，雨季來臨時會出現較多的數量。6月至8月時，由於會以某些植物的花及果為食，造成體內含有輕微的毒性。頭胸甲寬可達6公分。

編號：28-02
國家：多明尼加 / Dominica（1973）

假團扇蟹科 / Pseudoziidae （Alcock, 1898）

78

卡式寬團扇蟹

學名：*Euryozius camachoi* Ng & Liao, 2002

英名：Stone crab

分布：菲律賓附近海域

生態：棲息於潮間帶至淺水海域的珊瑚礁石區，並喜好躲藏於岩縫中。夜行性，以礁石上的藻類為食。體色為鮮艷的紅色，螯足的前端為黑色。本種為2002年於菲律賓海域所發現的特有物種。頭胸甲的寬度明顯大於長度，可達7公分。

編號：29-01
國家：菲律賓 / Philippines
（2008）

梯形蟹總科 TRAPEZIOIDEA
梯形蟹科

梯形蟹科 / Trapeziidae （Miers, 1886）

黑線四角蟹

學名：*Tetralia nigrolineata* Sereene & Dat, 1957

英名：Coral crab

分布：印度─西太平洋海域

生態：棲息於淺海珊瑚礁海域，喜好與軸孔珊瑚共棲。頭胸甲為橢圓形，額緣平直，額寬明顯大於後緣寬。額緣及前側緣有明顯黑色線紋。頭胸甲寬可達1.3公分。

編號：30-01
國家：馬來西亞 / Malaysia（1989）

❶網紋梯形蟹 ▮

學名：*Trapezia areolata* Dana, 1852

英名：Coral crab

分布：印度—西太平洋海域

生態：棲息於低潮帶至水深10公尺的珊瑚礁海域。與分枝狀的軸孔珊瑚有明顯的共棲行為。頭胸甲為明顯的梯形，體色以橘黃色系為主，其上並有網格狀的紅色斑紋。頭胸甲寬可達1.2公分。

編號：30-02
國家：澳大利亞 / Australia（1973）

❶毛掌梯形蟹 ▮

學名：*Trapezia cymodoce*（Herbst, 1801）

英名：Coral crab

分布：印度—太平洋海域

生態：棲息於潮間帶至水深10公尺的珊瑚礁海域，同時與多種珊瑚共棲，例如尖枝列孔珊瑚、疣鹿角珊瑚、萼柱珊瑚及細枝鹿角珊瑚等。全身為橘紅色，螯足指部末四分之三呈深褐色至黑色。頭胸甲寬可達1.4公分。

編號：30-03
國家：澳屬科科斯島 / Cocos（Keeling） Islands（1992）

※❶標示在台灣會出現的螃蟹

梯形蟹科

鐵梯形蟹

學名：*Trapezia ferruginea* Lateille, 1825
英名：Coral crab
分布：印度—太平洋海域
生態：棲息於低潮帶至水深10公尺左右的珊瑚礁海域，喜好與疣鹿角珊瑚及細枝鹿角珊瑚共棲。頭胸甲近梯形，體呈淺棕色或淡粉紅色，額緣、眼緣、螯足與步足各節邊緣呈鐵鏽色。頭胸甲寬可達1.2公分。

編號：30-04
國家：澳屬科科斯島 / Cocos（Keeling）Islands（1992）

梯形蟹科

斑點梯形蟹

學名：*Trapezia guttata* Ruppell, 1830
英名：Coral crab
分布：印度—西太平洋海域
生態：棲息於水深5公尺左右的珊瑚礁海域，喜好與尖枝列孔珊瑚及細枝鹿角珊瑚共棲。頭胸甲呈均勻的黃棕色、米黃色或乳白色，步足則具粉紅色的斑點。頭胸甲寬可達1公分。

編號：30-05
國家：澳屬科科斯島 / Cocos（Keeling）Islands（1992）

🦀 紅斑梯形蟹

學名：*Trapezia rufopunctata*（Herbst, 1799）

英名：Coral crab

分布：印度—西太平洋海域

生態：棲息於淺海珊瑚礁海域，與枝狀的珊瑚有共棲的行為。頭胸甲、螯足及步足表面密布鮮紅色大斑塊，額緣突出，螯足掌節呈鉅齒狀。本種為同屬中體型最大者，頭胸甲寬可達1.8公分。

編號：30-06
國家：澳屬科科斯島 / Cocos（Keeling）Islands（1992）

▌扇蟹科 / Xanthidae（MacLeay, 1838）

編號：31-01
國家：馬爾地夫 / Maldives（1978）

🦀 花紋愛潔蟹（花紋黑鉗蟹）

學名：*Atergatis floridus*（Linnaeus, 1767）

英名：Reef crab

分布：印度—太平洋海域

生態：棲息於潮間帶至水深30公尺的淺海海域，尤其是潮間帶的岩石區為其常見的活動範圍。本種蟹含有劇毒。頭胸甲呈橫卵圓形，以棕褐色系為主，背面間雜有黃銅色斑紋。頭胸甲寬可達8公分。

※🦀 標示在台灣會出現的螃蟹

扇蟹科

亞齒愛潔蟹

學名：*Atergatis subdentatus*（De Haan, 1835）

英名：Reef crab

分布：西太平洋海域

生態：棲息於5至40公尺的沿岸海域，特別喜好活動在岩礁為底質的海域。全身為均勻的橙黃色或橙紅色，有些個體則另散佈著大小不一的黃色斑塊；螯足的兩指指尖為黑色。極可能為含有毒性的種類。頭胸甲寬可達6公分。

編號：31-02
國家：北韓 / DPR Korea（1990）

編號：31-03
國家：印尼 / Indonesia（2002）
左下

光掌滑面蟹

學名：*Etisus laevimanus* Randall, 1840

英名：Reef crab

分布：印度—西太平洋海域

生態：棲息於熱帶珊瑚礁地區的潮間帶，尤其以石塊下或岩縫中為藏身之所在。頭胸甲為橫橢圓形，全身以棕褐為主，有些個體表面具有奶油色花紋或塊斑，螯足指節為棕黑色，不可動指的棕黑色延伸至掌部末緣。頭胸甲寬可達5.1公分。

編號：31-04
國家：馬爾地夫 / Maldives（1978）

燦爛滑面蟹

學名：*Etisus splendidus* Rathbun, 1906

英名：Rathbun red crab, Reef crab

分布：印度—西太平洋海域

生態：棲息於潮間帶至水深10公尺的珊瑚礁海域。白天通常隱蔽躲藏，夜晚才外出活動。頭胸甲為橫寬橢圓形，體色以磚紅色為主，螯足指尖則為白色。頭胸甲寬可達12.9公分。

編號：31-05
國家：新喀里多尼亞 / Nouvelle-Caledonie（1982）

編號：31-06
國家：索羅門群島 / Solomon Islands（1993）

編號：31-07
國家：吉里巴斯 / Kiribati（1996）

84

繡花脊熟若蟹（繡花脊緣蟹）

學名：*Lophozozymus pictor*
　　　　（Fabricius,1798）
英名：Red and white painted crab,
　　　　Mosaic crab
分布：印度—西太平洋海域
生態：棲息於潮間帶至水深30公尺的
　　　　岩礁或珊瑚礁海域。本種曾於菲
　　　　律賓及新加坡造成共4起的中毒
　　　　事件，引起8人中毒5人死亡的
　　　　慘劇，為已經證實毒性最強的螃
　　　　蟹。體色以黃褐色為主，其上雜
　　　　有紅褐色網狀花紋或鮮紅斑塊與
　　　　白色斑點，酷似馬賽克的花紋。
　　　　頭胸甲寬可達5.8公分。

編號：31-08
國家：吐瓦魯 / Tuvalu（1986）

編號：31-09
國家：新加坡 / Singapore（1992）

編號：31-10
國家：索羅門群島 / Solomon Islands（1993）

編號：31-11
國家：吉里巴斯 / Kiribat（1996）

編號：31-12
國家：保加利亞 / Bulgaria（1998）
左下

編號：31-13
國家：吉里巴斯 / Kiribati（2000）
左上

扇 蟹 科

美麗脊熟若蟹（美麗脊緣蟹） ▌

學名：*Lophozozymus pulchellus* A.
　　　Milne Edwards, 1867
英名：Mosaic crab, Reef crab
分布：印度—西太平洋海域
生態：棲息於潮間帶至水深10公尺的
　　　珊瑚礁或岩礁海域，尤其喜好選
　　　擇溫暖的海域活動。頭胸甲呈扇
　　　形，體色以紅白相間為主，並有
　　　明顯的馬賽克花紋。兩指指尖呈
　　　明顯的黑褐色。具有毒性，不宜
　　　食用。頭胸甲寬可達6.7公分。

編號：31-14
國家：澳屬科科斯島 / Cocos（Keeling）
　　　Islands（1992）

扇 蟹 科

❶花紋細螯蟹（花紋金沙蟹）

Cocos (Keeling) Islands

Lybia tessellata

5c

編號：31-15
國家：澳屬科科斯島 / Cocos
　　　(Keeling) Islands（1992）

學名：*Lybia tessellata*（Latreille, 1812）
英名：Boxer crab
分布：印度—西太平洋海域
生態：棲息於潮間帶至水深15公尺的海
　　　域，尤其喜好棲息於岩石下或造礁
　　　珊瑚的基部。頭胸甲近六角形，螯
　　　足細短，兩指內緣具刺，可捉握活
　　　的投海葵（*Boloceractis sp.*）來禦
　　　敵。步足細長，指節末端具角質尖
　　　爪。體呈粉紅或橘紅色，其上有黑
　　　褐色網狀花紋；各足上並有明顯的
　　　黑褐色環帶。頭胸甲寬可達3公分。

扇 蟹 科

❶網隙毛殼蟹（紋梳毛蟹）

Cocos (Keeling) Islands

Pilodius areolatus

10c

編號：31-16
國家：澳屬科科斯島 / Cocos（Keeling)
　　　Islands（1992）

學名：*Pilodius areolatus*（H. Milne
　　　Edwards, 1834）
英名：Dark-fingered crab
分布：印度—西太平洋海域
生態：棲息於溫暖的潮間帶淺水域，尤
　　　其以珊瑚礁海域為其活動主要地
　　　區。頭胸甲為扇狀，有明顯的分
　　　區條紋，並散佈著細小的顆粒。
　　　步足分布著濃密的細毛。體色以
　　　棕褐色為主，兩指指尖為黑色。
　　　頭胸甲寬可達3.6公分。

喬氏擬扁足蟹

學名：*Platypodiella georgei* den Hartog & Turkay, 1991

英名：George clown crab

分布：大西洋東部及東南海域

生態：棲息於潮下帶珊瑚礁或岩礁的淺水海域，夜行性，喜好躲藏於礁石縫中。以藻類為食。本種於聖赫勒拿島（Island of St. Helenna）附近的沿岸海域發現，並於1991年發表的新種。頭胸甲寬可達3.5公分。

編號：31-17
國家：聖赫勒拿島 / St. Helena（1995）

艷麗擬扁足蟹

學名：*Platypodiella spectabilis* (Herbst, 1794)

英名：Gaudy clown crab, Calico crab

分布：大西洋西岸海域

生態：本種的分布相當廣，從墨西哥灣經加勒比海到巴西附近的淺水海域，超過7000公里的距離皆可發現其蹤跡。白天喜好躲藏於珊瑚礁或岩礁的洞穴中，夜晚才外出覓食。本種色彩鮮豔，各地發現的斑紋及顏色相當多變，深受潛水愛好者的喜愛，經常被捕捉、飼養於水族箱。體型相當嬌小，雌蟹的頭胸甲寬約為2.8公分。

編號：31-18
國家：海地 / D'HAITI（1973）

※●標示在台灣會出現的螃蟹

❶ 銅鑄熟若蟹

學名：*Zosimus aeneus*（Linnaeus, 1758）
英名：Reef crab
分布：印度—太平洋海域
生態：棲息於淺海珊瑚礁區。體含劇毒，至少發生過9起中毒的紀錄，並曾使10人因食用而中毒死亡。頭胸甲為橫卵圓形，全身以墨綠色或藍紫色為主要色系，其上雜有紅橙色或黃橙色斑紋。頭胸甲寬可達7公分。

編號：31-19
國家：模里西斯 / Mauritius（1974）

編號：31-20
國家：澳屬科科斯島 / Cocos（Keeling）Islands（1990）

編號：31-21
國家：巴布亞紐幾內亞 / Papua New Guinea（1995）

胸孔派
Thoracotremata

方蟹總科 GRAPSOIDEA
地蟹科
地蟹科 / Gecarcinidae（MacLeay, 1838）

巨螯圓軸蟹

學名：*Cardisoma armatum* Herkolots, 1851
英名：Land crab
分布：熱帶大西洋東部的海岸地區
生態：棲息於潮間帶海岸的草澤地，善於挖洞穴居。以夜行為主，喜好以海岸林的落葉及草本植物為食。體型碩大，螯足粗壯但左右並不等大。赤道非洲國家的居民將其當作食用性的螃蟹。體色以青褐色及茶褐色為主。頭胸甲寬為8.2公分。

編號：32-01
國家：貝南 / Benin（1987）

編號：32-02
國家：加彭（法屬剛果）/
　　　Gabonaise（1993）

編號：32-03
國家：迦納 / Ghana（1993）

※ 標示在台灣會出現的螃蟹

● 兇狠圓軸蟹

學名：*Cardisoma carnifex*（Herbst, 1794）

英名：Land crab

分布：印度—太平洋的海岸地區

生態：棲息於河口草澤、養殖魚塭岸壁、紅樹林或海岸林下。洞口常有高塔狀的堆積土，挖洞深度可達1.5公尺。有明顯的夜行性。可離水甚久，母蟹在陸地上進行交配及抱卵，並到海中將孵出的幼體釋放。個體呈紅棕色或黑褐色，螯足兩指為米黃色。體型相當碩大，為台灣陸地最大的螃蟹，甲寬可達8.6公分。

編號：32-04
國家：日本 / Japan（1967）

編號：32-05
國家：塞席爾 / Zil Elwagne Sesel（1983）

編號：32-06
國家：斐濟群島 / Fiji（1991）

編號：32-07
國家：巴布亞紐幾內亞 / Papua New Guinea（1995）

編號：32-08
國家：撒拉威 / Saharaui（1999）

編號：32-09
國家：澳屬科科斯島 / Cocos (Keeling) Islands（2000）

編號：32-10
國家：英屬印度洋群島 / British Indian Ocean Territory（2005）

編號：32-11
國家：模里西斯 / Mauritius（2006）

關氏圓軸蟹

學名： *Cardisoma guanhumi*
　　　Latreille, 1852)

英名： Great land crab, Duppy

分布： 西大西洋的海岸地區

生態： 棲息於離海甚近的陸域，尤以草
　　　澤地及廢荒地為主要的活動區。
　　　偶而日間現身，但仍以夜行為
　　　主。雄蟹左右兩螯大小有明顯的
　　　差別。善於用步足挖洞，洞深可
　　　達地表下的水界。以落葉及海岸
　　　林的落果為食。母蟹進入雄蟹的
　　　洞內進行交配。成蟹體色為灰白
　　　色或紅磚色，幼蟹則為藍紫色。
　　　某些地區被當作是食用性的種
　　　類。頭胸甲長可達9.5公分。

編號：32-12
國家：英屬安圭拉 / Anguilla（1987）

編號：32-13
國家：格瑞那達 / Grenada（1990）

編號：32-14
國家：尼維斯島 / Nevis（1990）

編號：32-15
國家：古巴 / Cuba（1994）

編號：32-16
國家：坦尚尼亞 /
　　　Tanzania（1994）

編號：32-17
國家：古巴 / Cuba（2001）

編號：32-18
國家：英屬開曼群島 / Cayman Islands（2008）

※標示在台灣會出現的螃蟹

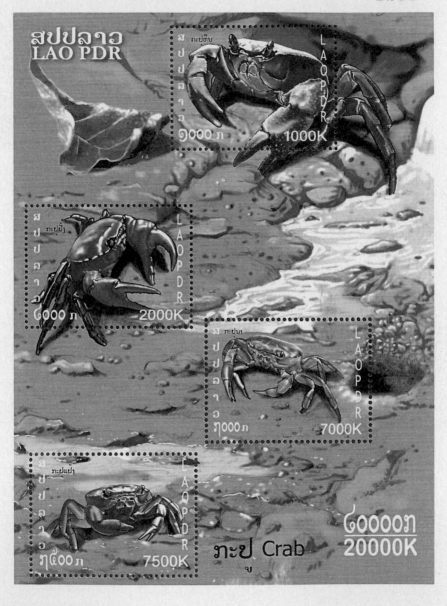

1261

ຄຄປລາວ
LAO PDR

ກະປູ Crab

圓軸蟹屬 *Cardisoma SP.*
編號：32-19
國家：寮國 / Laos（2007）

地 蟹 科

❶毛足圓盤蟹

學名：*Discoplax hirtipes*（Dana, 1851）

英名：Land crab, Blue crab

分布：印度—太平洋的海岸地區

生態：棲息於海岸灌木叢及海岸林下的泥地、沼澤地或礁石縫中，其棲所較凶狠圓軸蟹離海更遠處。白天躲藏於深挖的洞穴中，而夜間外出活動的行為極為明顯。以落葉及落果為主要的食物來源。日本八重山群島的居民捕捉食用本種蟹，並視為美味佳餚。體色為暗咖啡色至黑色，螯足則為黃色。頭胸甲寬可達7.4公分。

編號：32-20
國家：澳屬聖誕島/ Christmas Island（1985）

編號：32-21
國家：泰國 / Thailand（2004）

地 蟹 科

長足圓盤蟹

學名：*Discoplax longipes* A. Milne Edwards,1867

英名：Long-leged land crab

分布：熱帶太平洋島嶼的海岸地區

生態：棲息於海島海岸地區的泥灘地，善用細長的步足在河口濕地的軟泥上站立及活動。兩螯足細小，以撿拾落葉及有機碎屑為食。當地的居民常捕捉食用，並視為佳餚。背甲為深藍黑色。頭胸甲寬可達5公分。

編號：32-22
國家：紐埃 / Niue（1970）

※❶標示在台灣會出現的螃蟹

地蟹科

寬身強蓋蟹

學名：*Johngarthia lagostoma*（H. Milne Edwards, 1837）

英名：Land crab

分布：熱帶大西洋東南方島嶼的海岸地區

生態：棲息於熱帶海岸地帶的草澤地。穴居，以夜行為主。生殖期間，雄蟹及雌蟹在海岸邊進行交配，母蟹會選擇漲潮的時間將孵出的幼體排放到海水中。體色以磚紅色系為主。頭胸甲寬可達9.5公分。

編號：32-23
國家：亞森松島 / Ascension（1956）

編號：32-24
國家：亞森松島 / Ascension（1973）

編號：32-25
國家：亞森松島 / Ascension
　　　（1989）

編號：32-26
國家：亞森松島 / Ascension
　　　（2008）

地蟹科

側身地蟹 ▋

學名：*Gecarcinus lateralis*（de Freminville）
英名：Black land crab
分布：西大西洋的海岸地區
生態：棲息於潮間帶上緣的海岸地帶，以挖洞穴居的方式居住。步足末端的指節有四列小齒。淡黃色的兩螯足並不等大，但相差不多。體色以紫黑色為主，兩側並有紅色的邊緣紋。體型雖不大，但某些沿海地區居民將之作為食用性的種類。頭胸甲長可達4.5公分。

編號：32-27
國家：百慕達 / Bermuda（1979）

地蟹科

中美地蟹 ▋

學名：*Gecarcinus ruricola*（Linnaeus, 1758）
英名：Mountain crab
分布：西大西洋的海岸地區
生態：棲息於離海甚近的海岸地帶，善於挖洞穴居。與側身地蟹（*G. lateralis*）形態相仿，但其步足末端的指節有六列小齒。橘紅色的兩螯足約等大。體色多變，但以紫黑色為主，兩側並有紅色的邊緣紋。步足為橘色或紅色。體型明顯較前者大，常被人們捕捉食用。頭胸甲長可達6公分。

編號：32-28
國家：古巴 / Cuba（1969）

編號：32-29
國家：多明尼加 / Dominica（1973）

※ ● 標示在台灣會出現的螃蟹

編號：32-30
國家：格瑞那達 / Grenada（1990）

編號：32-31
國家：尼維斯島 / Nevis（1990）

編號：32-32
國家：坦尚尼亞 / Tanzania（1998）

編號：32-33
國家：烏干達 / Uganda（1998）

編號：32-34
國家：多明尼加共和國 / Dominicana（2009）

地 蟹 科

🦀 拉氏地蟹（紫地蟹）

編號：32-35
國家：帛琉 / Palau（2007）

學名：*Gecarcoidea lalandii*
　　　H. Milne Edwards, 1853
英名：Purple land crab
分布：印度－太平洋海域
生態：棲息於海岸林的隱密處，偶而也
　　　會出現在海岸上的開闊地。挖洞
　　　能力強，以夜行活動為主，白天
　　　則躲藏於洞穴中。生殖季節，抱
　　　卵的母蟹會走到潮間帶，並將卵
　　　釋放到海裡，此時較常被發現捕
　　　捉，有些地區的漁民會販售此種
　　　螃蟹。幼體時期，毛足陸方蟹
　　　（*Geogrpasus crinipes*）為其
　　　天敵。頭胸甲寬可達10公分。

聖誕地蟹

學名：*Gecarcoidea natalis*（Pocock, 1898）

英名：Red crab, Red land crab

分布：侷限於東印度洋的聖誕島及科科斯島的海岸地區

生態：棲息於雨林底部的地下或藏身樹葉堆下，日行性，攝食落葉、果實及花，濕季多出洞活動，而旱季則藏身地洞內。聖誕島全島約有1億2千萬隻，因密度高，繁殖期移棲海岸時，從親蟹往返海邊一趟至稚蟹回到親蟹的高原棲所為止，每次費時約三個月，地面處處形成紅色蟹潮。該蟹的出動成為地方大事，聲名遠播全世界，躋身為知名的觀光特色。體色以紅色系為主，頭胸甲寬可達6.5公分。

編號：32-36
國家：澳屬聖誕島/ Christmas Island
（1984）

編號：32-37
國家：澳屬聖誕島/ Christmas Island
（1985）

編號：32-38
國家：澳屬聖誕島/ Christmas Island
（1986）

編號：32-39
國家：澳屬聖誕島/ Christmas Island
（1993）

※ ◖ 標示在台灣會出現的螃蟹

編號：32-40
國家：澳屬聖誕島/ Christmas Island（1997）

編號：32-41
國家：澳屬聖誕島/ Christmas Island（1999）

編號：32-42
國家：澳屬聖誕島/ Christmas Island（2000）

編號：32-44
國家：澳屬聖誕島/ Christmas Island（2005）

編號：32-43
國家：澳屬聖誕島/ Christmas Island（2003）

編號：32-45
國家：澳屬聖誕島/ Christmas Island（2007）

編號：32-46
國家：莫三比克 / Macambique（2007）

編號：32-47
國家：澳屬聖誕島 / Christmas Island（2008）

編號：32-48
國家：澳屬聖誕島 / Christmas Island（2008）

編號：32-49
國家：澳屬聖誕島 / Christmas Island（2009）

編號：33-01
國家：澳屬聖誕島 / Christmas Island
（1985）

方蟹科

❶葛氏陸方蟹（格雷陸方蟹）▮

學名：*Geograpsus gray*（H. Milne
Edwards, 1853）
英名：Little nipper
分布：印度—西太平洋的海岸地區
生態：棲息於距離海岸較遠、濕氣較少的草
地及灌木叢中，尤其常在植栽的根部
掘洞而棲。偶爾也會出現在淡水河川
附近。耐旱性強，在帛琉群島曾有出
現在海拔200公尺山丘的紀錄。頭胸
甲及步足以深紫色為主，螯足淡紫色
至淡黃或乳白體色。頭胸甲寬可達4
公分。

編號：33-02
國家：紐埃 / Niue（1970）

編號：33-03
國家：澳屬聖誕島 / Christmas Island
（1985）

編號：33-04
國家：澳屬科科斯島 / Cocos
（Keeling）Islands（2000）

編號：33-05
國家：模里西斯 / Mauritius
（2006）

方蟹科

編號：33-06
國家：澳屬聖誕島 / Christmas
Island（1985）

❶斯氏陸方蟹 ▮

學名：*Geograpsus stormi* De Man, 1895
英名：Red nipper
分布：印度—西太平洋的海岸地區
生態：棲息於海岸潮間帶的上緣，白天躲藏於海岸林下或礁石的洞穴中，
夜間才會外出活動。行動快速，雜食性。體色相當鮮麗，以暗紅色
及暗橙色為主，步足及螯足則為淡橙色至鮮橙紅色。頭胸甲寬可達
3.5公分。

方蟹科

赭斑隅角蟹

學名：*Goniopsis cruentata*（Latreille, 1803）

英名：Purple mangrove crab

分布：大西洋東部海域

生態：本種分布於非洲西岸塞內加爾到安哥拉的附近海域。尤其是紅樹林
生長茂密的海岸泥灘地。雜食性，也會以小型無脊椎動物為食。屬
底棲性蟹類，會隨漲退的潮水活動。行動快速敏捷，漲潮時會爬上
紅樹林。本種在當地具有經濟食用價值，頭胸甲寬可達4.9公分。

編號：33-07
國家：英屬開曼群島 /
Cayman Islands
（1982）

編號：33-08
國家：巴西 / Brasil（2004）

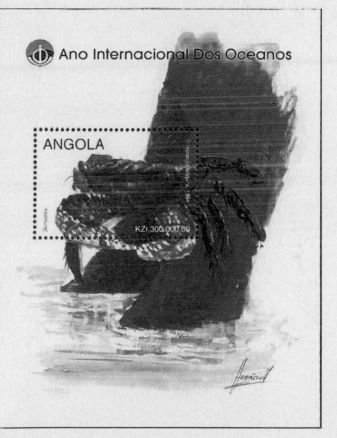

編號：33-09
國家：葡屬安哥拉 / Angola（1998）

※ ① 標示在台灣會出現的螃蟹

🦀 白紋方蟹

學名：*Grapsus albolineatus*
　　　Lamarck, 1818
英名：Swift-footed crab
俗名：臭青仔，岩蟹
分布：印度—太平洋熱帶海域
生態：棲息於岩礁海岸或港灣堤岸的消
　　　波塊上。行動快速，遇到危險時
　　　會迅速隱蔽躲藏。步足具有明顯
　　　的金勾刺可捉牢石塊，並防止海
　　　浪的沖擊。螯足兩指前端呈湯匙
　　　狀，可刮食藻類。脫殼會選擇於
　　　穩定的潮池中進行。背甲以藍綠
　　　或青綠色為主，並雜有條紋及斑
　　　點。頭胸甲寬可達3.8公分。

編號：33-10
國家：索羅門群島 / Solomon Islands（1993）

方蟹科

方蟹

學名：*Grapsus grapsus*（Linnaeus,
　　　1758）
英名：Sally lightfoot crab, Rock
　　　crab, Shore crab
分布：西大西洋海域及東太平洋的加拉
　　　巴哥群島
生態：棲息於岩礁海岸的潮間帶，能在
　　　上層的水氣區快速行動，相當常
　　　見。以藻類及腐敗的生物為食。
　　　成群活動，以降低自身被鳥類攻
　　　擊的機會。成蟹以棕色或紅色系
　　　為主，但幼蟹為黑色，這種保護
　　　色有助於躲過海鳥的捕食。體型
　　　大，頭胸甲長可達8公分。

編號：33-11
國家：巴西 / Brasil（1897）

編號：33-12
國家：塞內加比亞及尼日爾 / Senegal（1981）

編號：33-13
國家：亞森松島 / Ascension（1982）

編號：33-14
國家：幾內亞共和國 / Guinea（1985）

編號：33-15
國家：巴布達 / Barbuda（1987）

編號：33-16
國家：塞內加比亞及尼日爾 / Senegal（1989）

編號：33-17
國家：格瑞那達 / Grenada（1990）

編號：33-18
國家：尼維斯島 / Nevis（1990）

編號：33-19
國家：迦納 / Ghana（1993）

※ ● 標示在台灣會出現的螃蟹

編號：33-20
國家：秘魯 / Peru（2001）

編號：33-21
國家：厄瓜多 / Ecuador（2002）

編號：33-22
國家：英屬蒙特塞拉特島 / Montserrat（2003）

編號：33-23
國家：厄瓜多 / Ecuador（2006）

方 蟹 科

細紋方蟹

學名：*Grapsus tenuicrustatus*
　　　　（Herbst, 1783）
英名：Rock hopper crab
俗名：臭青仔，跳岩蟹
分布：印度—西太平洋海域
生態：棲息於沿海珊瑚礁、岩礁的崖壁
　　　　上或岩縫中，以快速的行動攀
　　　　爬，或由高往低地躍下。雜食
　　　　性，白天活動活躍。步足指節具
　　　　有銳齒，可牢牢抓住岩壁，以防
　　　　止海浪的沖擊。頭胸甲寬可達6
　　　　公分。

編號：33-24
國家：澳屬聖誕島 / Christmas Island
　　　　（1985）

編號：33-25
國家：英屬印度洋 / British Indian Ocean
　　　　Territory（2005）

雜色細方蟹 ▋

學名：*Leptograpsus variegates*
　　　　（Fabricius, 1793）
英名：Purple rock crab, Swift-
　　　　footed crab, Fleet- footed
　　　　rock crab
分布：印度—太平洋南方亞熱帶海域
生態：棲息於中潮帶至高潮帶的拍打浪
　　　　區環境，以岩縫或礁石下方為棲
　　　　身場所。能在岩壁的垂直面快速
　　　　移動，以避開浪的衝擊及逃離敵
　　　　害。以刮取岩塊上的藻類為食，
　　　　但也具有腐食性，會以動物的屍
　　　　體為食。能在岩壁的垂直面快速
　　　　移動。頭胸甲寬可達5公分。

編號：33-26
國家：紐西蘭 / New Zealand（1996）

寬額大額蟹 ▋

學名：*Metopograpsus frontalis* Miers,
　　　　1880
英名：Purple climber crab, Board-
　　　　fronted mangrove crab
分布：印度—西太平洋海域
生態：棲息於潮間帶海域，通常會出現在
　　　　高潮線附近。喜好以泥為底質的區
　　　　域，尤其是紅樹林區。平時躲藏於
　　　　石頭或木頭下，以躲避敵害，爬樹
　　　　的本領並不高強。以刮食石頭上的
　　　　藻類為食，但也會獵食出現在眼前
　　　　的任何可食獵物，屬於機會主義
　　　　者。雄蟹的雙螯明顯大於雌蟹，頭
　　　　胸甲寬可達4公分。

編號：33-27
國家：索羅門群島 / Solomon Islands
　　　　（1993）

編號：33-28
國家：索羅門群島 / Solomon Islands
　　　　（1995）

※ ❶ 標示在台灣會出現的螃蟹

方 蟹 科

🦀 平分大額蟹

學名：*Metopograpsus messor*
（Forskal, 1775）

英名：Messor's shore crab

分布：印度—西太平洋海域

生態：棲息於淺海潮間帶海域，喜好礁
石為底質的環境。平時喜歡隱蔽
躲藏，會隨潮水退去後外出覓
食，雜食性，但也以其他小型無
脊椎動物的屍體為食。雖然數量
多，但不具經濟價值。雌蟹體型
較雄蟹小，雄蟹頭胸甲寬可達4
公分。由於畫作的誤差的關係，
本張郵票內的種類，看似為相手
蟹（*Sesarma sp.*）。

編號：33-29
國家：斐濟群島 / Fiji（1991）

方 蟹 科

🦀 方形大額蟹

學名：*Metopograpsus thukuhar*
（Owen, 1839）

英名：Thukuhar shore crab, Kukuau

分布：印度—太平洋海域

生態：棲息於海岸各類型潮間帶，環境
適應能力強，礁石及河口的石塊
下或石縫中皆可發現，偶而也可
在紅樹林中見其蹤跡。食性為逢
機選擇，以動物屍體及有機碎屑
為食。由於螯足掌部及指節外側
為鮮豔的紫色，加上行動快速，
所以有「紫色遊俠」的稱號。頭
胸甲寬可達3公分。

編號：33-30
國家：澳屬聖誕島 / Christmas Island

雲斑厚紋蟹

學名：*Pachygrapsus marmoratus*
　　　（Fabricius, 1787）

英名：Marbled crab, Runner crab

分布：地中海潮間帶海域

生態：棲息於潮間帶的中層或下層海
　　　域，特別喜歡躲藏於岩石下。
　　　雖於白天及夜晚均可見其攝食藻
　　　類，但以夜間較為頻繁。雄蟹的
　　　活動範圍較雌蟹及稚蟹廣，分布
　　　較為接近潮下帶的海水處。體色
　　　以綠褐色為主，雜有黃色的雲
　　　斑。頭胸甲寬可達5公分。

編號：33-31
國家：羅馬尼亞 / Romana（1966）

方蟹總科 GRAPSOIDEA
斜紋蟹科

斜紋蟹科 / Plagusiidae　（Dana, 1851）

● 裸掌盾牌蟹

學名：*Percnon planissimum*
　　　（Herbst, 1804）

英名：Flat crab, Sally lightfoot crab

分布：印度—西太平洋潮間帶海域

生態：棲息於潮間帶至潮下帶海域。體
　　　型扁平，步足多刺，有利於在
　　　海浪衝擊的岩石間攀爬。螯足細
　　　小，以便於刮取岩石上的藻類為
　　　食。體色以墨綠色及褐綠色為
　　　主。頭胸甲寬可達4.5公分。

編號：34-01
國家：馬爾地夫 / Maldives（1978）

編號：34-02
國家：索羅門群島 / Solomon Islands（1993）

※● 標示在台灣會出現的螃蟹

斜紋蟹科

紅岩斜紋蟹

學名：*Plagusia chabrus*（Linnaeus, 1758）

英名：Red rock crab

分布：澳洲南部至紐西蘭潮間帶海域

生態：棲息於岩礁潮間帶的海浪衝擊區，尤其是海蝕平台及岩礁區有較多的分布。雖然能在岩壁上快速而積極的行動，但仍是以刮取岩石上藻類為食的素食主義者。體色以紅磚色為主，全身則披有濃密的細毛。體型碩大，頭胸甲寬可達10公分。

編號：34-03
國家：紐西蘭 / New Zealand（1996）

斜紋蟹科

平背斜紋蟹

學名：*Plagusia depressa*（Fabricius, 1775）

英名：Spray crab, Flattened crab

分布：西大西洋海域

生態：棲息於岩礁潮間帶海浪拍打的地區。行動快速，大螯足的指尖具有湯匙狀的構造，可刮取岩礁上的藻類為食。頭胸甲的殼毛間具有明顯的鱗狀突起。體色以紅棕色為主，並雜有暗色條紋及血紅色斑點。頭胸甲長可達4.5公分。

編號：34-04
國家：格瑞那達 / Grenada（1990）

相手蟹科

仳氏爾特蟹 ▍

學名：*Aratus pisonii*（H. Milne Edwards, 1837）
英名：Mangrove crab
分布：佛羅里達南部、西印度群島到巴西海域
生態：棲息於沿岸紅樹林溼地。主要特徵是兩眼的距離相當寬，讓視角更形寬廣。步足指節尖細，適合在漲潮時爬上紅樹林，並以紅樹林的樹葉為食。受到追趕時，會往紅樹林植物的頂端逃走，無路可逃時，則會從跳入水中。體型小，頭胸甲寬可達2.2公分。

編號：35-01
國家：英屬維爾京群島 / British Virgin Islands（1980）

相手蟹科

●羅氏后相手蟹 ▍

學名：*Metasesarma rousseauxi* H. Milne Edwards, 1853
英名：Mottled crab
分布：印度洋島嶼潮間帶海域
生態：棲息於潮間帶上層的石塊區或雜亂的荒地，以動物的屍體、腐敗的植物以及有機物為食。體色以白色為主，並雜有細小的深色斑點。頭胸甲寬可達3.4公分。

編號：35-02
國家：澳屬聖誕島 / Christmas Island（1985）

相手蟹科

紅指擬相手蟹

學名：*Paragrapsus erythrodactyla*
　　　　（Hess, 1865）
英名：Red-fingered shore crab
分布：西太平洋海域
生態：棲息於潮間帶的中層或下層海
　　　　域，尤其是海水能量轉換率高的
　　　　地區。活動性強，但喜好於躲
　　　　藏於石塊下或岩縫中。能離水數
　　　　小時而不死。以腐食性為主，常
　　　　見其用螯足撕開魚類屍體或腐敗
　　　　的藻類而食。頭胸甲寬可達3公
　　　　分。

編號：35-03
國家：斐濟群島 / Fiji（1991）

相手蟹科

灰色相手蟹

學名：*Sesarma cinereum* Bosc,
　　　　1802
英名：Gray marsh crab
分布：西大西洋海域
生態：棲息於岩礁潮間帶上層海域，喜
　　　　歡躲藏於礁石或打樁工程用蔽
　　　　體的陰暗處，有時候藏匿於淺洞
　　　　中。體色多變，從灰色、棕色到
　　　　橄欖色都有，並雜有黑色的斑
　　　　點。頭胸甲長可達2公分。

編號：35-04
國家：尼維斯島 / Nevis（1990）

胸孔派 Thoracotremata

中華絨螯蟹

學名：*Eriocheir sinensis* H. Milne Edwards, 1854

英名：Chinese mitten crab, Hairy-fisted crab

俗名：大閘蟹、河蟹、勝芳蟹

分布：原產於中國大陸及朝鮮半島，現於北歐及北美皆可發現其蹤跡

生態：棲息於河川湖泊中，秋季成蟹則移往沿近海域繁殖。幼苗在海中完成變態後溯溪河而上，成長階段在淡水域中完成，壽命可達三年。挖洞穴居的能力極強，洞穴深度為20至80公分，有時更可達1公尺。具經濟食用價值，但可能為肺吸蟲的第二宿主，應煮熟而食。頭胸甲寬可達10公分。

編號：36-01
國家：北韓 / DPR Korea（1975）

編號：36-04
國家：烏干達 / Uganda（1996）

編號：36-02
國家：中華人民共和國 / People's Republic of China（1979）

編號：36-03
國家：坦尚尼亞 / Tanzania（1994）

顆粒新厚蟹 ▊

學名：*Neohelice granulata*（Dana,1851）
英名：Burrowing crab, Estuarine crab
分布：大西洋西南部溫帶海域
生態：棲息於巴西至阿根廷沿岸鹽水沼澤、海岸灌叢及防風林地帶。擅於
　　　　挖洞隱蔽躲藏。由於棲息的環境不同，造成食性上有所不同。例如
　　　　有些族群以泥土中的有機物為食，有些則以植物為主要食物來源。
　　　　對於重金屬及污染物質具有吸收能力，常被當成實驗對象。本種過
　　　　去常用的學名為*Chasmagnathus granulate*（顆粒張口蟹），
　　　　2006年分類學者將本種認認定為新厚蟹屬（*Neohelice*）。頭胸甲
　　　　寬約4公分。

編號：36-05
國家：巴西 / Brasil（2004）

◑字紋弓蟹 ▊

學名：*Varuna litterata*（Fabricius,
　　　　1798）
英名：Oceanic paddle crab, Varuna
　　　　crab
分布：印度—西太平洋海域
生態：棲息於河口、紅樹林及河川下游海
　　　　域，也可能隨著海藻漂浮。實際上，
　　　　本種蟹屬於淡水蟹，但成蟹需要回到
　　　　海中產卵。大眼幼蟲會成群大量上
　　　　溯，尤其在斐濟及台灣東部等地常
　　　　見，堪為奇景。食性為腐食性。在東
　　　　南亞，本種蟹因某些地區產量豐富，
　　　　成為當地的食用蟹，但抱卵的母蟹則
　　　　會被釋放。頭胸甲寬可達5公分。

編號：36-06
國家：模里西斯 / Mauritius（2006）

🦀 短指和尚蟹 ▌

學名：*Mictyris brevidactyius* Stimpson, 1858
英名：Soldier crab
俗名：海蜘蛛、海和尚、海珍珠、兵蟹
分布：西太平洋海域
生態：棲息於潮間帶沙泥質灘地，會潛入地底覓食有機碎屑。成大群活動以降低自身被捕食的機會。能直行，遇敵害時能以旋轉方式迅速鑽入土中。體呈球形，頭胸甲長大於寬，後緣有副呼吸孔。眼小而突露，無眼眶。雄性腹節與雌蟹寬度相當。成體體色為淡藍色，幼體為土棕色。頭胸甲寬可達2.6公分。

編號：37-01
國家：日本 / Japan（1967）

編號：38-01
國家：日本 / Japan（1967）

🦀 角眼沙蟹 ▌

學名：*Ocypode ceratophthalmus*（Pallas, 1772）
英名：Stalk-eyed ghost crab, Horn-eyed ghost crab
俗名：沙馬仔、幽靈蟹、鬼蟹
分布：印度—西太平洋熱帶及亞熱帶海域
生態：棲息於高潮線附近的沙灘地，挖洞而棲，夜間較白天活躍。能快速奔跑，有螃蟹中的飛毛腿之稱，為陸地上跑得最快的無脊椎動物。捕捉各種小螃蟹為食，也會捕食剛出生的小海龜。背甲上的棕褐色斑塊及眼睛上的角芽為明顯的特徵。頭胸甲寬可達4.1公分。

※🦀 標示在台灣會出現的螃蟹

編號：38-02
國家：吉爾柏特及埃里斯群島 /
　　　Gilbert & Ellice（1975）

編號：38-03
國家：塞席爾 / Zil Elwagne Sesel（1984）

編號：38-04
國家：澳屬聖誕島 / Christmas
　　　Island（1985）

編號：38-05
國家：吐瓦魯 / Tuvalu（1986）

編號：38-06
國家：澳屬科科斯島 / Cocos
　　　(Keeling) Islands（1990）

編號：38-07
國家：索羅門群島 / Solomon Islands（1993）

編號：38-09
國家：托克勞 / Tokelau（1999）

編號：38-08
國家：馬達加斯加 / Madagasikara（1998）

編號：38-10
國家：托克勞 / Tokelau（1999）

編號：38-11
國家：澳屬科科斯島 / Cocos
　　　（Keeling）Islands（2000）

編號：38-12
國家：英屬印度洋群島 / British Indian
　　　Ocean Territory（2005）

編號：38-13
國家：莫三比克 / Maçambique（2007）

編號：38-14
國家：帛琉 / Palau（2007）

沙蟹科

🌑 平掌沙蟹

學名：*Ocypode cordimana*
　　　Latreille, 1818
英名：Smooth-handed ghost crab
分布：印度—西太平洋熱帶及亞熱帶海域
生態：棲息於近高潮帶以上的地區，耐旱性相當強。善於挖洞，洞口大多為圓形。兩螯足的掌部內側並無發音隆脊，明顯與其他棲息於高潮帶的沙蟹不同。過去台灣所紀錄的平掌沙蟹，已證實應為中華沙蟹（*O. sinensis*）。頭胸甲寬可達3.5公分。

編號：38-15
國家：澳屬聖誕島 / Christmas Island（1985）

沙蟹屬（Ocypode p.）
編號：38-16
國家：澳屬科科斯島 / Cocos（Keeling）
　　　Islands（2000）

游移沙蟹

學名：*Ocypode cursor*（Linnaeus, 1758）
英名：Ghost crab
分布：東部大西洋潮間帶海域
生態：棲息於潮間帶上層的沙灘地，幼蟹分布於較靠近海水的高潮帶，成蟹則穴居高潮帶的上方。在夏季，稚蟹大量出現。夜行性，以遊客丟棄的食物、動物的屍體為食，或是捕食海龜卵及剛出生的幼龜。所挖的洞穴為單一開孔，形式為L型及J型。頭胸甲寬可達3.7公分。

編號：38-17
國家：迦納 / Ghana（1993）

編號：38-18
國家：賽普勒斯 / Cyprus（2001）

高氏沙蟹

學名：*Ocypode gaudichaudii* H. Milne Edwards & Lucas, 1843
英名：Painted ghost crab, Cart driver crab
分布：東及東南部太平洋潮間帶海域
生態：棲息於潮間帶上層的沙灘地。不論幼蟹或成蟹，都有腐食、掠食及濾食沙泥中有機物的行為。雌蟹的分布位置較雄蟹更靠近海水。雄蟹於大潮水期間會挖出半螺旋及螺旋的洞型，且於洞口不遠處留下大片而完整的沙堆作為交配的訊號。頭胸甲寬可達3.4公分。

編號：38-19
國家：哥斯大黎加 / Costa Rica（1994）

方身沙蟹

學名：*Ocypode quadrata*
（Fabricius, 1787）
英名：Western Atlantic ghost crab
分布：西北部大西洋潮間帶海域
生態：棲息於高潮線上層的沙灘地。體
色與沙的顏色相近，加上行動快
速忽隱忽現，所以是名符其實的
「幽靈蟹」。食性方面同時具有
腐食性及掠食性，白天及夜晚均
能見其積極活動。雄蟹及雌蟹的
體寬同樣在2.5公分左右即可達
成熟。頭胸甲寬可達5.4公分。

編號：38-20
國家：聖文森 / ST.Vincent（1977）

編號：38-21
國家：格瑞那達 / Grenada（1985）

編號：38-22
國家：巴貝多 / Barbados（1985）

編號：38-23
國家：英屬安圭拉 / Anguilla（1987）

編號：38-24
國家：委內瑞拉 / Venezuela
（1998）

沙蟹科

瑞氏沙蟹

學名：*Ocypode ryderi Kingsley*
　　　 1880
英名：Ghost crab
分布：西印度洋到西太平洋海域
生態：棲息於沿岸的沙質潮間帶的上
　　　 緣，有很高的耐旱能力。行動快
　　　 速，挖洞能力強。屬於雜食性的
　　　 種類，經常成群出現進行覓食行
　　　 為，偶爾也會捕食海龜幼龜。雙
　　　 掌敲擊時可發出嚇退掠食者的聲
　　　 音。雄蟹體型大於雌蟹，頭胸甲
　　　 寬可達4公分。

編號：38-25
國家：坦尚尼亞 / Tanzania（1999）

編號：38-26
國家：莫三比克 / Mozambique（2002）

沙蟹屬（*Ocypode sp.*）
編號：38-27
國家：索馬利亞 / Somalia（1994）

沙蟹科

◑ 北方招潮蟹

學名：*Uca*（*Gelasimus*）*borealis*
　　　 Crane,1975
英名：Fiddler crab
俗名：大拱仙
分布：印度－西太平洋海域
生態：棲息於低潮帶附近的沙泥混合區，鄰近河口的泥質開闊地也可發現其蹤跡。
　　　 本種招潮蟹的雄蟹大都具有右螯大、左螯小的構造，尤其在大螯的不可動指
　　　 上有明顯的凹缺，以及銘黃的顏色，所以也稱為「北方凹指招潮」或「黃螯
　　　 招潮」。雄蟹的頭胸甲寬為2.8公分，雌蟹則為2.3公分。

編號：38-28
國家：中華民國 / Republic of China（2004）

🦀 四角招潮 ▊

學名：*Uca（Gelasimus）tetragonon*
（Herbst, 1790）

英名：Fiddler crab, Calling crab,
Beckon crab

分布：印度—西太平洋潮間帶海域

生態：棲息於擁有屏障的珊瑚礁或岩礁
區，尤其常在沙質或泥質灘區活
動。雄蟹的大螯足大都位於右
方，且其揮螯以垂直式為主。
背甲色彩相當亮麗，以深藍色為
主，並雜有藍色網文或淡色白
斑，為色彩最漂亮的招潮蟹。頭
胸甲寬可達3.2公分。

編號：38-29
國家：模里西斯 / Mauritius（1969）

編號：38-30
國家：塞席爾 / Seychelles（1984）

編號：38-31
國家：索羅門群島 / Solomon
Islands（1993）

編號：38-32
國家：索羅門群島 / Solomon
Islands（1993）

編號：38-33
國家：巴布亞紐幾內亞 Papua New
Guinea（1998）

編號：38-34
國家：聖多美及普林西比 / S.Tome E
Principe（2003）

編號：38-35
國家：帛琉 / Palau（2007）

※🦀 標示在台灣會出現的螃蟹

沙蟹科

呼喚招潮 ▌

學名：*Uca（Gelasimus）vocans*（Linnaeus, 1758）

英名：Fiddler crab, Calling crab, Beckon crab

俗名：黃螯招潮、凹指招潮

分布：印度—太平洋潮間帶海域

生態：棲息於潮溝附近或潮間帶下半部的泥灘地。雄蟹的大螯足幾乎都位於右方，且其揮螯方式為明顯的垂直式。呼喚招潮因地理上的隔離，可細分為六個亞種，台灣的亞種為北方呼喚（凹指）招潮（*U. vocans borealis*）。背甲為土灰色或褐色，大螯足的掌部腹面及不可動指為鉻黃色。雄蟹頭胸甲寬可達3公分。

編號：38-36
國家：越南 / Vietnam（1965）

編號：38-37
國家：新加坡 / Singapore（2000）

沙蟹科

鋤指招潮 ▌

學名：*Uca （Gelasimus） vomeris*（McNeill,1920）

英名：Fiddler crab

分布：澳洲北部及東部附近海域

生態：棲息於海岸地區近河口的泥灘地。顏色相當多變，從暗淡的斑紋到明亮的藍色都有，也有全白的個體。顏色黯淡的個體雖比較容易躲過鳥類的捕捉，但相較於同族群的其他螃蟹，比體色鮮艷的個體不易被發現，因此也較難達到求偶的目的。本種為澳洲的特有種招潮蟹。頭胸甲寬雄蟹可達2.8公分，雌蟹則為2.3公分。

編號：38-38
國家：澳大利亞 / Australia（1973）

拳手招潮 ▋

學名：*Uca*（*Leptuca*）*pugilator*（Bosc, 1802）
英名：Sand fiddler
分布：大西洋西部潮間帶海域
生態：棲息於潮溝、鹽水沼澤或灌木叢附近的沙灘或沙泥灘地。雄蟹大螯
　　　　出現在左右側的比率約相等。背甲為紫色或藍灰色，其上雜有不規
　　　　則的黑色、黃色、棕色或灰色的斑紋。頭胸甲長可達1.4公分。

編號：38-39
國家：巴貝多 / Barbados（1965）

編號：38-41
國家：尼維斯島 / Nevis（1990）

編號：38-40
國家：美國 / USA（1968）

好鬥招潮 ▋

學名：*Uca*（*Minuca*）*pugnax*（S. I.
　　　　Smith, 1870）
英名：Mud fiddler
分布：大西洋西部潮間帶海域
生態：棲息於鹽水沼澤的泥灘地，在當
　　　　地相當常見。頭胸甲大致呈棕色
　　　　到灰白色，其前緣及眼柄則為藍
　　　　綠色到青綠色，大螯顏色較背甲
　　　　淡，兩指間前端為白色。頭胸甲
　　　　長可達1.2公分。

編號：38-42
國家：聖文森 / ST.Vincent（1977）

編號：38-43
國家：墨西哥 / Mexico（2002）

※ ● 標示在台灣會出現的螃蟹

薩氏招潮 ▌

學名：*Uca（Minuca）thayeri*
（Rathbun,1900）
英名：Thayer's fiddler crab
分布：大西洋西部潮間帶海域
生態：棲息於河口紅樹林邊緣的泥質灘
地。以有機碎屑為食，於洞口處
常發現因攝食而留下來的擬糞。
抱卵的母蟹也會有建築泥質煙囪
的行為。雄蟹頭胸甲與大螯足為
棕色到橘色。頭胸甲長可達1.9
公分。

編號：38-44
國家：英屬維爾京群島 / British Virgin
Islands（1997）

白掌招潮 ▌

學名：*Uca（Paraleptuca）albimana*
（Kossmann, 1877）
英名：Fiddler crab, Calling crab
分布：紅海潮間帶海域
生態：棲息於潮間帶沙泥灘地，退潮時
會出現大群，覓食沙泥中的有機
物。雄蟹大螯的掌部呈白色，用
來展現求偶及宣示領域的行為，
然而，兩種行為的揮動螯足方式
並不相同：求偶時會水平揮動而
宣示領域則為垂直揮動。雄蟹的
頭胸長可達2公分。

編號：38-45
國家：吉布地 / Djibouti（1977）

沙蟹科

環紋招潮

學名：*Uca（Paraleptuca）annulipes*
（H. Milne Edwards, 1837）
英名：Porcelain fiddler
分布：印度—西太平洋潮間帶海域
生態：棲息於沙泥灘潮間帶或河口紅樹
林區，對環境的適應能力強。個
體外表體色差異大，花紋深淺而
饒富變化。活動受潮水的影響，
退潮時外出以沙泥灘地的有機質
為食。雄蟹打鬥及求偶的行為明
顯。雄蟹體型明顯大於雌蟹，頭
胸甲寬可達2.5公分。

編號：38-46
國家：斯里蘭卡 / Srilanka（1986）

沙蟹科

綠眼招潮

學名：*Uca（Paraleptuca）
chlorophthalmus*（H. Milne
Edwards, 1852）
英名：Red-backed mud crab
分布：非洲東部及印度洋島嶼的潮間
帶海域
生態：棲息於河口附近偏泥質的灘
地，常集結成大群。雌蟹善用
兩隻小螯足夾取地上泥團，攝
食其中的有機物。體色相當多
變，以紅色系為主，並雜有藍
色及白色的大塊斑紋。雄蟹頭
胸甲寬可達2.1公分。

編號：38-47
國家：馬爾地夫 / Maldives（1986）

粗腿招潮

學名：*Uca*（*Paraleptuca*）*crassipes*（White,1847）
英名：Fiddler crab
俗名：紅腳仙
分布：印度－西太平洋海域
生態：棲息於紅樹林沼澤、河口泥灘地、鄰近珊瑚礁附近的沙泥混合區等，適應環境的能力甚強。挖洞的本領強，在台灣附近的個體顏色差異甚大，紅、藍、綠、黑及褐色可依不同比例加諸於身，也有體色完全鮮紅的個體，所以也有「紅豆招潮」的別稱。由於眼柄呈黃綠色，所以也有「粗腿綠眼招潮」的稱呼。澎湖群島擁有較多的族群。雄蟹頭胸甲寬可達2.6公分，雌蟹則為2.2公分。

編號：38-48
國家：法屬波利尼西亞 / Polynesie（1986）

編號：38-49　國家：澳屬科科斯島 /
Cocos（Keeling）Islands（1990）

編號：38-50
國家：撒拉威 / Saharaui（1999）

編號：38-51
國家：東加 / Tonga（2001）

編號：38-52
國家：中華民國 / Republic of China（2004）

🌓 乳白招潮 （清白招潮）▮

學名：*Uca*（*Paraleptuca*）*lactea*（De Haan, 1835）
英名：Fiddler crab, Calling crab, Beckon crab
俗名：夯白扇、白扇招潮
分布：東亞潮間帶海域
生態：棲息於河口域或高潮帶附近，數量龐大常形成大群。雄蟹大螯揮舞在求偶時多採側向式，在宣示領域時多採垂直式。台灣產有乳白招潮（U. lactea）及糾結招潮（U. perplexa）兩種。頭胸甲背部平滑，背部呈白色或灰白色，後側方各有一線紋。雄蟹大螯足為白色或鉻黃色。頭胸甲寬可達1.9公分。

🌓 弧邊招潮▮

學名：*Uca*（*Tubuca*）*arcuata*（De Haan, 1835）
英名：Fiddler crab, Calling crab, Beckon crab
俗名：大螯先、大憨先、大小管仔、網紋招潮
分布：東亞潮間帶海域
生態：棲息於河口紅樹林及高潮帶附近的泥濘之地，以泥灘的有機碎屑為食。洞穴會築成煙囪的樣式。雄蟹大螯以垂直的方式揮舞，但鮮少觸及地面。頭胸甲呈前寬後窄的梯型狀，背部平滑，前額窄如舌狀。背甲為深色而富變化的網狀，雄性大螯呈橙色或橙紅色。雄蟹頭胸甲寬可達3.9公分。

編號：38-53
國家：北韓 / DPR Korea（1990）

編號：38-54
國家：中華民國 / Republic of China（2004）

※🌓 標示在台灣會出現的螃蟹

沙 蟹 科

❶窄招潮

學名：*Uca（Tubuca）coarctata*
　　　（H. Milne Edwards,1852）
英名：Fiddler crab
分布：印度－西太平洋海域
生態：棲息於河口及紅樹林泥灘地，尤
　　　其是陡峭的潮溝上層地帶，最
　　　低高潮線的平坦泥地也可發現其
　　　蹤跡。隨著潮水退去後始外出活
　　　動，以泥地中的有機物為食，屬
　　　於濾食性的螃蟹。本種在台灣的
　　　族群數量不多，體色鮮艷多變，
　　　頭胸甲寬雄蟹可達3.7公分，雌
　　　蟹則為2.7公分。

編號：38-55
國家：日本 / Japan（1967）

沙 蟹 科

❶台灣招潮

學名：*Uca（Tubuca）formosensis*
　　　Rathbun,1921
英名：Taiwanese Fiddler crab
俗名：鉸刀剪、大拱蟹
分布：台灣周邊海域
生態：棲息於海岸高潮帶空曠及平緩開闊的
　　　泥灘地，尤其是腹地大且污染少的
　　　黏土質灘地。婚配期間會，會有明
　　　顯的築煙囪的行為。由海岸紅樹林
　　　的擴張，弧邊招潮蟹獲得較佳的生存
　　　條件，對本種螃蟹產生競爭而造成生
　　　存威脅。本種為台灣海洋動物中相當
　　　難得的特有物種。頭胸甲寬雄蟹可達
　　　3.2公分，雌蟹則為2.3公分。

編號：38-56
國家：中華民國 / Republic of China
　　　（2004）

玫瑰招潮 ▌

學名：*Uca*（*Tubuca*）*rosea*（Tweedie, 1937）
英名：Rosy fiddler
分布：印度洋沿岸及婆羅洲東部潮間帶海域
生態：棲息於紅樹林生長範圍附近的泥灘地，尤其
　　　　喜好極精細的泥質地。有些雄性個體的體色
　　　　相當鮮豔，有些外表則黯淡許多，但眼睛及
　　　　眼柄以紅色為主。有些地區，例如新加坡，
　　　　因紅樹林的消失而導致族群量下降。體型
　　　　小，雄蟹的頭胸甲寬可達2公分。

編號：38-57
國家：馬來西亞 / Malaysia （2004）

巨大招潮 ▌

學名：*Uca（Uca）major*（Herbst,
1782）

英名：Major fiddler crab

分布：大西洋西部潮間帶海域

生態：棲息於與大洋相接臨的沙泥灘
地，也會出現在紅樹林附近的泥
灘地，但不會在紅樹林內活動。
雄蟹外表體色及大螯皆以白色為
主，其上有紫色印記，而雌蟹體
色為暗棕色或黃色。本種並非常
見的種類，雄蟹頭胸甲寬可達2
公分。

編號：38-58
國家：聖露西亞 / Saint
Lucia（1981）

編號：38-59
國家：聖露西亞 / Saint Lucia（1981）
下方

唐吉爾招潮

學名：*Uca*（*Uca*）*tangeri*（Eydoux, 1835）

英名：European fiddler crab

分布：大西洋東及東北部潮間帶海域

生態：棲息於潮間帶廣闊的泥灘地，善於挖洞而棲，並將挖出的泥球置放於洞口的週緣。雄蟹挖出的泥球較多、較大且散佈較廣，相信是在種間的領域性訊號釋放並與吸引異性有關。體型為招潮蟹中最大者，頭胸甲寬為4.7公分的個體，其不可動指則長達10.9公分。

編號：38-60
國家：甘比亞 / Gambia（1984）

編號：38-61
國家：葡屬安哥拉 / Angola（1998）

招潮蟹 *Uca sp.*

編號：38-62
國家：斐濟群島 /
　　　Fiji（1995）

※● 標示在台灣會出現的螃蟹

其他

❶ 椰子蟹

學名：*Birgus latro*（Linnaeus, 1758）
英名：Coconut crab, Rober crab
分布：印度－西太平洋熱帶地區
生態：棲息於海岸地帶，嗜食腐肉或林
投果，對於抑制蠅蟲滋長有正面
的貢獻。頭胸甲及腹甲均明顯鈣
化，出生兩年半後，即可脫離殼
螺而自由生活。在日本石垣島曾
有吃椰子蟹中毒的案例。因為海
岸開發、人為捕捉或老鼠的獵
殺，已有瀕臨滅絕的危險。在我
國已被列為保育類野生動物。頭
胸甲長可達8.5公分。

編號：40-01
國家：澳屬聖誕島 / Christmas Island
（1963）

編號：40-02
國家：紐埃 / Niue（1970）

編號：40-03
國家：紐埃 / Niue（1976）

編號：40-04
國家：吐瓦魯 / Tuvalu（1976）

編號：40-05
國家：東加 / Tonga（1984）

編號：40-06
國家：澳屬聖誕島 / Christmas Island（1985）

編號：40-07
國家：馬紹爾群島 / Marshall Islands（1986）

編號：40-08
國家：法屬波利尼西亞 / Polynesie（1986）

編號：40-09
國家：吐瓦魯 / Tuvalu（1987）

編號：40-10
國家：澳屬科科斯島/ Cocos（Keeling）
　　　Islands（1990）

※　●　標示在台灣會出現的螃蟹

編號：40-11
國家：塞席爾 / Seychelles（1990）

編號：40-12
國家：塞席爾 / Zil Elwannyen
　　　（1992）

編號：40-13
國家：英屬印度洋領地 / British Indian Ocean Territory（1993）

編號：40-14
國家：索羅門群島 / Solomon

編號：40-15
國家：坦尚尼亞 / Tanzania

編號：40-16
國家：索羅門群島 / Solomon Islands（2000）

編號：40-17
國家：紐埃 / Niue（2001）

編號：40-18
國家：斐濟群島 / Fiji（2004）

編號：40-19
國家：英屬印度洋領地 / British Indian
　　　Ocean Territory（2005）

編號：40-20
國家：模里西斯 / Mauritius（2006）

※ ◖◗ 標示在台灣會出現的螃蟹

編號：40-21
國家：坦尚尼亞 / Tanzania（2006）

編號：40-22
國家：坦尚尼亞 / Tanzania
（2006）

編號：40-23
國家：莫三比克 / Macambique（2007）

編號：40-24
國家：帛琉 / Palau（2007）

編號：40-26
國家：澳屬聖誕島 /
Christmas Island
（2008）

編號：40-25
國家：英屬皮特克恩群島 / Pitcairn Islands（2007）

編號：40-27
國家：萬那杜 / Vanuatu（2008）

編號：40-28
國家：英屬皮特克恩群島 / Pitcairn Islands（2009）

石 蟹 科

兇野石蟹 █

學名：*Lithodes ferox*（Filhol, 1885）
英名：Red spider
分布：東大西洋海域
生態：棲息於深海軟泥底質海域。頭胸甲為圓五角型，兩螯足約等大。因體色橘紅、前三對步足細長，故有「紅蜘蛛」的別稱。本種在當地並不常見，但具有開發利用的潛力。頭胸甲長可達11公分。

編號：41-01
國家：奈及利亞 / Nigeria（1994）

石 蟹 科

莫氏石蟹 █

學名：*Lithodes murrayi*　Hederson, 1888
英名：Stone crab
分布：印度－太平洋及大西洋之環南極冷水域
生態：棲息於水深80至1015公尺的海域，尤以南極大陸附近海域180至260公尺居多。底棲性，喜好於軟質泥地活動，棲息環境中的其他物種並不多，以沉入海底的海洋動物屍體為食。本種常被漁民以底拖網捕獲，數量雖不多，但具有經濟食用價值。頭胸甲寬可達6.8公分。

編號：41-02
國家：法屬南極洲 / Terres Australes et Antarctiques Francaises（1989）

聖托拉石蟹

學名：*Lithodes santolla*（Molina, 1782）

英名：King crab

分布：太平洋東南海域

生態：棲息於淺海至大陸棚海域。體呈圓五角型，全身長滿硬棘，兩螯足大小約相等。在南美國家的產量相當大，作業漁船以施放籠具捕得，為具高經濟利用價值的種類。頭胸甲長可達15公分。

編號：41-03
國家：智利 / Chile（1987）

編號：41-04
國家：智利 / Chile（1990）

塔形石蟹

學名：*Lithodes turritus* Ortmann, 1892

俗名：鱈場蟹

英名：King crab

分布：西太平洋深海海域

生態：棲息於水深200至812公尺的大陸棚或大陸斜坡海域。尤其是底質為軟泥的海域。台灣宜蘭縣大溪漁港的深海拖網船偶能捕獲。具食用價值，在台灣為深具開發潛力的水產漁獲對象。體型大，頭胸甲長可達15公分。

編號：41-05
國家：越南 / Vietnam（1993）

※ ● 標示在台灣會出現的螃蟹

其他 寄居蟹總科 Paguridea

石 蟹 科

葛氏新石蟹 ▌

學名：*Neolithodes grimaldii*（A.H. Miline & Edwards et Bouvier, 1894）

英名：King crab

分布：北大西洋海域

生態：棲息於深海軟泥質海域。全身呈圓五角型，體軟但密披利刺。步足除第五對明顯退化外，其他都相當細長，以利於在深海軟泥的環境中行動。雄蟹無腹部側板，雌蟹側片明顯而使得腹部相當不對稱。頭胸甲長可達8公分。

編號：41-06
國家：卡西里特努瓦特（格陵蘭）/ Kalaallit Nunaat（1993）

石 蟹 科

編號：41-07
國家：越南 / Vietnam（1993）

編號：41-08
國家：俄羅斯 / Russia（1993）

短足擬石蟹 ▌

學名：*Paralithodes brevipes*（H. Miline-Edwards & Lucas, 1841）

俗名：金王蟹

英名：King crab

分布：西北太平洋深海海域

生態：棲息潮間帶至水深50公尺的淺水域。體色為暗赤紫色。在日本，由於漁船捕獲的漁產可當日運回，所以捕獲的本種多以鮮品販售而鮮少製罐。其分布的水域相當寒冷，是北海道當地出名的土產。頭胸甲長可達15公分。

堪察加擬石蟹

學名：*Paralithodes camtschatica*
（Tilesius, 1851）
俗名：紅王蟹、鱈場蟹、大王蟹
英名：Red king crab, Alaska king
crab
分布：西北及北太平洋深海海域
生態：棲息於水深30至360公尺的軟泥底
質環境，身體呈淡紫色。5月為產
卵期，夏季則移棲至較深的水域。
產量大且肉質潔白味美，常製罐
銷售，為北太平洋冷水區重要的漁
獲種類，並受到國際漁業協定對漁
期、漁獲量、個體大小及漁場範圍
的規範。雄蟹通常大於雌蟹，其頭
胸甲長可達22公分。

編號：41-09
國家：北韓 / DPR Korea（1967）

編號：41-10
國家：蘇聯 / CCCP（1975）

顆粒仿石蟹

學名：*Paralomis granulosa*
（Jacquinot, 1852）
英名：Centollon crab
分布：大西洋西南海域
生態：棲息於以沙泥為底質的大陸棚及
大陸斜坡海域。全身因高度鈣化
而堅硬，且兩螯足粗壯而明顯。
生產量大，具高經濟食用價值。
頭胸甲長可達12公分。

編號：41-11
國家：福克蘭群島 / Falkland Islands（1994）

※ ❶ 標示在台灣會出現的螃蟹

石蟹科

棘刺仿石蟹

學名：*Paralomis spinosissima* Birstein & Vinogradov, 1972

英名：Antarctic stone crab

分布：大西洋西南溫帶海域及近南極海域

生態：棲息於水深120至700公尺的深水海域。底棲性，以海洋動物的屍體為食。身上具有長棘刺，為防止掠食者的絕佳保護。本種數量捕捉不多，族群受到威脅的程度亦不大。以底拖網捕獲的個體雖有食用上的利用價值，但未達商業規模。頭胸甲長可達11公分。

編號：41-12
國家：南喬治亞 / South Georgia

鎧甲蝦總科 Galatheidea　┃ 瓷蟹科 / Porcellanidae
瓷蟹科

🌑 紅斑新岩瓷蟹

學名：*Neopetrolisthes maculatus* （H. Milne Edwards, 1837）

英名：Anemone crab

分布：印度—西太平洋海域

生態：棲息於珊瑚礁海域，常見其成對共生於海葵中。顎足前端特化為羽狀，以便積極地捕捉浮游生物。以夜行為主。型態上頭胸甲圓而光滑，且頭胸甲長大於頭胸甲寬，並可達4公分。

編號：42-01
國家：吐瓦魯 / Tuvalu（1993）

瓷蟹科

大島新岩瓷蟹

學名：*Neopetrolisthes oshimai*
（Miyake, 1937）
英名：Oshimas porcellanid crab
分布：印度—西太平洋熱帶海域
生態：常見其與海葵（*Stoichactis kentii*）共生，並棲息於海葵觸手間。體色以白色為主，並點綴紅豔色圓形斑塊，所以本種之中文名有時也稱「紅斑新岩瓷蟹」，使用此稱也可避免與紅斑新岩瓷蟹（*N. maculata*）發生混淆。體型小，頭胸甲長可達2公分。

編號：42-02
國家：馬來西亞 / Malaysia（1989）

瓷蟹科

莫氏岩瓷蟹

學名：*Petrolisthes monodi* Chace, 1956
英名：Porcelain crab
分布：阿拉伯海海域
生態：棲息於潮間帶至亞潮帶的石塊下或岩縫中，扁平的頭胸甲使其善於藏匿。以濾食浮游生物為食。體型小，但雄蟹體型明顯大於雌蟹，頭胸甲長可達1.3公分。

編號：42-03
國家：富介拉（阿拉伯聯合大公國邦國之一）/ Fujeira（1972）

※❶標示在台灣會出現的螃蟹

瓷 蟹 科

字碼瓷蟹

學名：*Porcellana sayana* (Leach, 1820)

英名：Anemone crab, Porcellanid crab

分布：加勒比海海域

生態：棲息於水深30公分至15公尺的淺海珊瑚礁海域，海葵及珊瑚叢的縫穴為主要的棲地。與寄居蟹有共生的習性，會躲藏在寄居蟹的殼中，並伺機捕捉浮游生物為食。本種具有細小的圓點狀外表，為當地常見的瓷蟹種類，在潛水活動及水族館商業買賣中，經常可見其蹤跡。頭胸甲長約為5公分。

編號：42-04
國家：格瑞那達 / Grenada（1997）

防癌郵票

癌症的英文是Cancer，和十二星座的巨蟹座拼音相
同，不少防癌郵票都借用螃蟹作為「癌症」的象徵，畫
面中常把螃蟹當作打擊、消滅的對象。無辜的螃蟹在此
領域成為眾矢之的，不過這也象徵人類談癌色變，打從
心底的畏懼心理。

編號：C1-01
國家：阿富汗 / Afghanistan（1970）

編號：C1-02
國家：阿根廷 / Argentina（1960）

編號：C1-03
國家：阿魯巴（荷蘭王國轄下自治國）/ Aruba
（1992）

編號：C1-04
國家：奧地利 / Austria（1976）

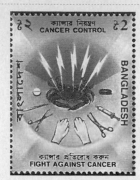

編號：C1-05
國家：孟加拉 /
Bangladesh
（1995）

編號：C1-06
國家：孟加拉 /
Bangladesh

編號：C1-07
國家：巴西 / Brasil
（1948）

編號：C1-08
國家：巴西 / Brasil（1983）

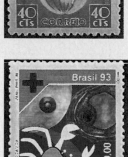

編號：C1-09
國家：巴西 / Brasil（1993）

編號：C1-10
國家：中非 / Centrafricaine
（1972）

編號：C1-11
國家：中非 / Centrafricaine（1968）

編號：C1-12
國家：剛果 / Congo（1966）

編號：C1-13
國家：古巴 / Cuba（1938）

編號：C1-14
國家：賽普勒斯 / Cyprus（1989）

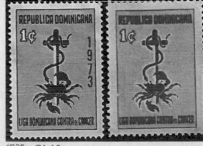

編號：C1-15
國家：多明尼加 / Dominican（1953）

編號：C1-16
國家：富介拉（阿拉伯聯合大公國邦國之一）/ Fujeira（1973）

編號：C1-17
國家：印尼 / Indonesia（1987）

編號：C1-18
國家：印尼 / Indonesia（1992）

編號：C1-19
國家：南斯拉夫 / Jugoslavia（1988）

編號：C1-20
國家：科威特 / Kuwait（1970）

編號：C1-21
國家：馬利 / Mali
（1966）

編號：C1-22
國家：茅利塔尼亞伊
斯蘭共和國 /
Mauritanie
（1965）

編號：C1-23
國家：摩納哥 / Monaco（1975）

編號：C1-24
國家：荷蘭 / Nederland（1955）

編號：C1-25
國家：荷蘭 / Nederland（1974）

編號：C1-26
國家：尼泊爾 / Nepal（1994）

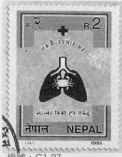

編號：C1-27
國家：尼泊爾 / Nepal（1995）

編號：C1-28
國家：尼泊爾 / Nepal（2007）

編號：C1-29
國家：尼日 / Niger
（1965）

編號：C1-30
國家：尼日 / Niger
（1966）

編號：C1-31
國家：巴基斯坦 / Pakistan（1967）

編號：C1-32
國家：巴基斯坦 / Pakistan（1979）

編號：C1-33
國家：中華人民共和國 / People's
Republic of China（1989）

編號：C1-34
國家：菲律賓 / Pilipinas（1970）

編號：C1-35
國家：敍利亞 / Syrie
　　　（1977）

編號：C1-36
國家：土耳其 / Turkey（1972）

編號：C1-37
國家：土耳其 / Turkey（1987）

編號：C1-38
國家：土耳其 / Turkey（1997）

編號：C1-39
國家：聯合國 / United Nations（1970）

編號：C1-40
國家：烏拉圭 / Uruguay（1991）

星座郵票

西洋文化中，有利用黃道十二宮的十二個星座來占卜的說法。黃道十二宮中，和螃蟹有關的是巨蟹座。根據星座占卜的說法，出生於6月22日至7月23日間的人屬於巨蟹座，具有顧家、重感情等特質。

而普通黃道蟹（*Cancer pagurus*）的學名有 Cancer 一字，和巨蟹座同字，因此最常看到以螃蟹圖像來代表巨蟹座。除此之外也有以螯蝦圖像來象徵巨蟹座的情形。

編號：C2-01
國家：阿吉曼（阿拉伯聯合大公國邦國之一）/ Ajman（1971）

編號：C2-02
國家：澳大利亞 / Australia（2004）

編號：C2-03
國家：奧地利 / Austria（1937）

編號：C2-04
國家：奧地利 / Austria（2005）

編號：C2-05
國家：亞塞拜然 /
　　　Azerbaijan
　　　（2009）

編號：C2-06
國家：柏內拉島（蘇格蘭）/ Bernera（1981）

編號：C2-07
國家：波黑共和國 / Bosna i Hercegovina（2004）

編號：C2-08
國家：蒲隆地 / Burundi（1973）

編號：C2-09
國家：北韓 / DPR
　　　Korea（1989）

編號：C2-10
國家：法國 / France（1978）

編號：C2-11
國家：富介拉（阿拉伯聯合大公國邦國之一）/
　　　Fujeira（1973）

編號：C2-12
國家：希臘 / Greece（2007）

編號：C2-13
國家：幾內亞 / Guinee（1972）

編號：C2-14
國家：蓋亞那 / Guyana（1992）

編號：C2-15
國家：上伏塔 / Haute-Volta（1974）

編號：C2-16
國家：以色列 / Israel（1961）

編號：C2-17
國家：以色列 / Israel
　　　（1961）

編號：C2-18
國家：以色列 / Israel（1957）

編號：C2-19
國家：義大利 / Italy（1963）

編號：C2-20
國家：哈薩克 / Kazakhstan（1997）

編號：C2-21
國家：列支敦斯登 / Liechtenstein（1977）

編號：C2-22
國家：匈牙利 / Magyarorszag（2005）

編號： 07-01
國家：馬利 / Mail（1972）

編號：C2-23
國家：馬紹爾群島 / Marshall Islands（2009）

編號：C2-24
國家：荷蘭 / Nederland（1995）

編號：C2-25
國家：俄羅斯 / Poccnr（2004）

編號：C2-26
國家：波蘭 / Poland（1996）

編號：C2-27
國家：中華民國 / Republic of China（2001）

編號：C2-28
國家：中華民國 / Republic of China（1988）

編號：C2-29
國家：羅馬尼亞 / Romania（2002）

編號：C2-30
國家：聖馬利諾 / San Marino（1969）

編號：C2-31
國家：新加坡 / Singapore（2009）

編號：C2-32
國家：瑞士 / Switzerland（1982）

編號：C2-33
國家：斯里蘭卡 / Srilanka（1982）

編號：C2-34
國家：土耳其 / Turkiye（2003）

編號：C2-35
國家：烏克蘭 / Ykpaiha（2008）

卡通、漫畫中的
螃蟹郵票

許多民間故事、藝術創作、卡通動畫中,都有螃蟹的蹤跡,他們也成了郵票世界的常客。

編號:C3-01
國家:澳屬聖誕島 / Christmas Island(1999)

編號:C3-02
國家:北韓 / DPR Korea(2009)

編號:C3-03
國家:英國 / United Kingdom(2002)

編號:C3-05
國家:日本 / Japan(1988)
寄信的螃蟹

編號：C3-04
國家：蓋亞那 / Guyana（2001）
Hello Kitty

編號：C3-06
國家：日本 / Japan（1998）

編號：C3-07
國家：蒙古 / Mongolia（1999）
Betty

編號：C3-08
國家：尼維斯島 / Nevis（1995）

編號：C3-09
國家：中華人民共和國 / People's Republic
　　　 of China（2000）鯉魚躍龍門

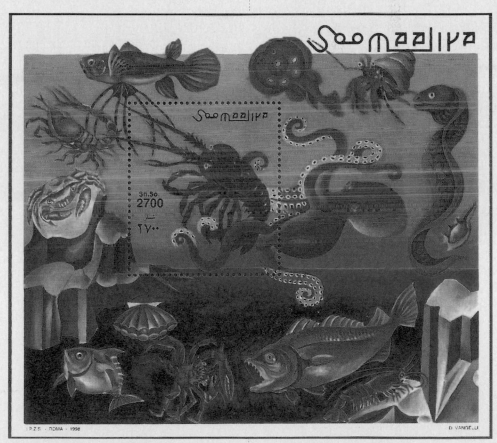

編號：C3-11
國家：索馬利亞 / Somalia（1998）

編號：C3-10
國家：中華人民共和國 / People's Republic of China

編號：C3-13
國家：美國 / USA（2009）
電影星際大戰的蟹形機械兵 LM-432 crab driod.

編號：C3-12
國家：英屬特克斯及凱科斯群島 / Turks & Caicos
　　　Islands（1979）
迪士尼卡通裡經常隨米老鼠出現的小狗布魯托

海產與漁業相關的
螃蟹郵票

某些種類的螃蟹，是重要的海產，因此也有許多與捕捉螃蟹、螃蟹美食相關的郵票。

編號：C4-01
國家：英屬根西島 / Guernsey（1998）

編號：C4-02
國家：英屬根西島 / Guernsey（2005）

編號：25-56
國家：印尼 / Indonesia（2004）

編號：C4-03
國家：澳門 / Macau（2008）
Scylla sp.

編號：C4-04
國家：莫三比克 / Mozambique（1998）

編號：C4-05
國家：巴基斯坦 / Pakistan（1983）

編號：24-01
國家：帛琉 / Paual
　　　（1993）

編號：C4-06
國家：中華人民共和國 / People's Republic of China
　　　（2005）
Scylla sp.

編號：C4-07
國家：法屬南極洲 / Terres Australes
　　　et Antarctiques Francaises
　　　（2002）

自然中的螃蟹郵票

以自然中的螃蟹為題材的郵票，也相當受歡迎。

編號：C5-01
國家：英屬印度洋領地 / British Indian
　　　Ocean Territory（2001）

編號：C5-02
國家：丹麥 / Denmark

編號：C5-03
國家：北韓 / DPR Korea（2009）

編號：C5-04
國家：斐濟群島 / Fiji
　　　（2001）

自然中的螃蟹郵票

編號：C5-05
國家：哈卡斯共和國 / HAKASIA

編號：C5-06
國家：牙買加 / Jamaica

編號：C5-07
國家：葡萄牙 / Portugal（1998）

編號：C5-08
國家：聖文森 / St. Vincent（1970）

編號：C5-09
國家：烏拉圭 / Uruguay（2004）

編號：C5-10
國家：越南 / Vietnam（1994）

編號：C5-11
國家：越南 / Vietnam

生物多樣性

近年來，環境保育中的生物多樣性議題受到重視，以此為題材的郵票也出現了。

編號：C6-01
國家：亞塞拜然 / Azerbaijan（2001）

編號：C6-02
國家：印度 / India（1997）

編號：C6-03
國家：澳門 / Macau（1999）

編號：C6-04
國家：摩納哥 / Monaco（1985）

編號：C6-05
國家：紐西蘭 / New Zealand（1981）

編號：C6-06
國家：奈及利亞 / Nigeria（1995）

編號：C6-08
國家：羅馬尼亞 / Romania（2008）

編號：C6-09
國家：薩摩亞 / Samoa（2002）

生物多樣性

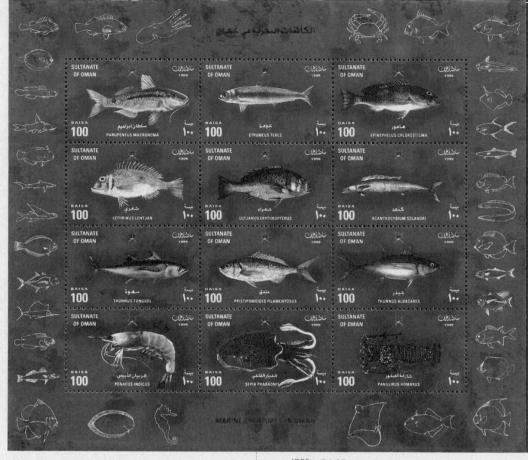

編號：C6-07
國家：阿曼 / Oman（1999）
邊紙右上方

編號：C6-10
國家：吐瓦魯 / TUVALU（1993）

編號：C6-11
國家：美國 / USA（1993）

編號：C6-12
國家：西德 / West Germany（1990）

裝飾圖案

螃蟹的外型富有獨特美感，成為許多裝飾性圖案的靈感來源。

編號：C7-01
國家：阿吉曼（阿拉伯聯合大公國邦國之一）/ Ajman（1972）

編號：C7-02
國家：英屬安圭拉 / Anguilla（1970）

編號：C7-03
國家：法屬阿法爾和伊薩領地 / French Territory of the Afars and Issas（1975）

編號：C7-04
國家：直布羅陀 / Gibraltar（1960）

編號：C7-05
國家：希臘 / Greece（1992）

編號：C7-06
國家：俄羅斯 / Noyta Cccp（1994）

人文／藝術傳說

編號：C8-01
國家：帛琉／Palau（1993）

編號：C8-02
國家：中華人民共和國／People's
Republic of China（2006）
上方寶月荷花硯，螃蟹嬉戲於荷葉間。

編號：C8-03
國家：秘魯／Peru（2001）
蟹人

附録

section	Superfamily		family		代號	數量	remark
Podotremata 綿蟹派	DROMIOIDEA	綿蟹總科	Dromiidae	綿蟹科	1	2	
	DROMIOIDEA	綿蟹總科	Dynomenidae	貝綿蟹科	2	1	
	RANINOIDEA	蛙蟹總科	Raninidae	蛙蟹科	3	5	
Eubrachyura 真蟹派	BYTHOGRAEIODEA	深洋蟹總科	Bythograeidae	深洋蟹科	4	2	
	CALAPPOIDEA	饅頭蟹總科	Calappidae	饅頭蟹科	5	7	
	CALAPPOIDEA	饅頭蟹總科	Matutidae	黎明蟹科	6	3	
	CANCROIDEA	黃道蟹總科	Atelecyclidae	近圓蟹科	7	2	
	CANCROIDEA	黃道蟹總科	Cancridae	黃道蟹科	8	20	
	CARPILIOIDEA	瓢蟹總科	Carpiliidae	瓢蟹科	9	28	
	CORYSTOIDEA	盔蟹總科	Corystidae	盔蟹科	10	1	
	ERIPHIOIDEA	酋婦蟹總科	Eriphiidae	酋婦蟹科	11	8	
	ERIPHIOIDEA	酋婦蟹總科	Menippidae	哲蟹科	12	3	
	GECARCINUCOIDEA	擬地蟹總科	Gecarcinucidae	擬地蟹科	13	2	
	GECARCINUCOIDEA	擬地蟹總科	Parathelphusidae	束腹蟹科	14	2	
	GONEPLACOIDEA	長腳蟹總科	Goneplacidae	長腳蟹科	15	2	
	LEUCOSIOIDEA	玉蟹總科	Leucosiidae	玉蟹科	16	2	
	MAJOIDEA	蜘蛛蟹總科	Epialtidae	臥蛛蟹科	17	6	
	MAJOIDEA	蜘蛛蟹總科	Inachidae	尖頭蟹科	18	15	
	MAJOIDEA	蜘蛛蟹總科	Majidae	蜘蛛蟹科	19	17	
	MAJOIDEA	蜘蛛蟹總科	Oregoniidae	突眼蟹科	20	9	
	ORITHYIOIDEA	虎頭蟹總科	Orithyiidae	虎頭蟹科	21	1	
	PARTHENOPOIDEA	菱蟹總科	Parthenopidae	菱蟹科	22	3	
	PILUMNOIDEA	毛刺蟹總科	Pilumnidae	毛刺蟹科	23	1	
	PORTUNOIDEA	梭子蟹總科	Geryonidae	怪蟹科	24	4	
	PORTUNOIDEA	梭子蟹總科	Portunidae	梭子蟹科	25	66	
	POTAMOIDEA	溪蟹總科	Potamidae	溪蟹科	26	4	
	POTAMONAUTINAE	仿溪蟹總科	Potamonautidae	仿溪蟹科	27	1	
	PSEUDOTHELPHUSOIDEA	假細腰蟹總科	Pseudothelphusidae	假細腰蟹科	28	2	
	PESUDOZIOIDEA	假團扇蟹總科	Pseudoziidae	假團扇蟹科	29	1	
	TRAPEZIOIDEA	梯形蟹總科	Trapeziidae	梯形蟹科	30	6	
	XANTHOIDEA	扇蟹總科	Xanthidae	扇蟹科	31	21	
Thoracotremata 胸孔派	GRAPSOIDEA	方蟹總科	Gecarcinidae	地蟹科	32	65	
	GRAPSOIDEA	方蟹總科	Grapsidae	方蟹科	33	31	
	GRAPSOIDEA	方蟹總科	Plagusiidae	斜紋蟹科	34	4	
	GRAPSOIDEA	方蟹總科	Sesarmidae	相手蟹科	35	4	
	GRAPSOIDEA	方蟹總科	Varunidae	弓蟹科	36	6	
	OCYPODOIDEA	沙蟹總科	Mictyridae	和尚蟹科	37	1	
	OCYPODOIDEA	沙蟹總科	Ocypodidae	沙蟹科	38	63	
					39	2	幼蟹
其他	Coenobitoidea	陸寄居蟹總科	Coenobitidae	陸寄居蟹科	40	36	椰子蟹
	Paguridea	寄居蟹總科	Lithodidae	石蟹科	41	12	
	Galatheidea	鎧甲蝦總科	Porcellanidae	瓷蟹科	42	4	
				total		472	

附錄二 物種名稱索引

台灣可見	學名	中文名稱	編號				5					10
	Aratus pisonii	比氏闊掌蟹	35-01									
	Ashtoret lunaris	紅點紋腕(網紋)蟹	06-01									
	Atelecyclus undecimdentatus	波齒近圓蟹	07-01									
TWN	Atergatis floridus	花紋愛潔蟹	31-01									
TWN	Atergatis subdentatus	亞齒愛潔蟹	31-02	31-03								
	Baptozius vinosus	酒色鱅圃蟹	11-01									
TWN	Birgus latro	椰子蟹	32-46	40-01	40-02	40-03	40-04	40-05	40-06	40-07	40-08	40-09
			40-10	40-11	40-12	40-13	40-14	40-15	40-16	40-17	40-18	40-19
			40-20	40-21	40-22	40-23	40-24	40-25	40-26	40-27		
	Bythograea thermydron	深洋熱泉蟹	04-01									
TWN	Calappa calappa	饅頭蟹	05-01									
	Calappa flammea	錢紋饅頭蟹	05-02									
	Calappa galloides	擬公雞饅頭蟹	05-03									
	Calappa granulate	顆粒饅頭蟹	05-04	05-05	05-06							
	Calappa rubroguttata	紅斑饅頭蟹	05-07									
	Callinectes amnicola	小黑優游蟹	25-01									
	Callinectes marginatus	緣溝優游蟹	25-02									
	Callinectes sapidus	美味優游蟹	25-03	25-04	25-05	25-06	25-07	25-08	25-09	25-10	25-11	25-12
			25-13	25-14	25-15	25-16	25-17					
	Cancer borealis	北方黃道蟹	08-01									
	Cancer irroratus	細粒黃道蟹	08-02									
	Cancer pagurus	普通黃道蟹	08-03	08-04	08-05	08-06	08-07	08-08	08-09	08-10	08-11	08-12
			08-13	08-14	08-15	08-16	08-17					
	Cancer setosus	密毛黃道蟹	08-18									
TWN	Carcinoplax nana	微型隆背蟹	15-01									
	Carcinus aestuarii	艾氏濱蟹	25-18	25-19								
	Carcinus maenas	美娜斯濱蟹	25-20	25-21	25-22	25-23	25-24	25-25	25-26	25-27	25-28	
	Cardisoma armatum	巨螯圓軸蟹	32-01	32-02	32-03							
TWN	Cardisoma carnifex	兇狠圓軸蟹	32-04	32-05	32-06	32-07	32-08	32-09	32-10	32-11		

台灣可見	學名	中文名稱	編號				5					10
	Cardisoma guanhumi	關氏圓軸蟹	32-12	32-13	32-14	32-15	32-16	32-17	32-18			
	Cardisoma sp.	圓軸蟹屬	32-19									
	Carpilius corallinus	珊瑚饅蟹	09-01	09-02	09-03	09-04	09-05	09-06	09-07	09-08	09-09	09-10
			09-11	09-12								
TWN	Carpilius maculates	紅斑瓜蟹	09-13	09-14	09-15	09-16	09-17	09-18	09-19	09-20	09-21	09-22
			09-23	09-24	09-25	09-26						
TWN	Chaceon granulatus	顆粒查氏蟹	24-01									
	Chaceon maritae	海洋查氏蟹	24-02	24-03								
	Chaceon quinquedens	五齒查氏蟹	24-04									
TWN	Charybdis (Charybdis) natator	善泳蟳	25-29									
TWN	Charybdis (Gonioneptunus) bimaculata	雙斑蟳	25-30									
	Chionoecetes opilio	牧人鬆蟹	20-01	20-02	20-03	20-04	20-05	20-06				
	Corytes cassivelaunus	首領盔蟹	10-01									
	Crab zoea	幼蟹	39-01	39-02								
	Cyrtomaia ericina	晨星刺蛛蟹	18-01									
	Cyrtomaia largoi	拉氏刺蛛蟹	18-02									
TWN	Discoplax hirtipes	毛足圓盤蟹	32-20	32-21								
	Discoplax longipes	長足圓盤蟹	32-22									
	Dromia vulgaris	普通綿蟹	01-01									
	Dromidiopsis edwardsi	愛氏擬綿蟹	01-02									
	Epilobocera haytensis	海地端葉蟹	28-01									
	Erimacrus isenbeckii	伊氏毛甲蟹	07-02									
TWN	Eriocheir sinensis	中華絨螯蟹	36-01	36-02	36-03	36-04						
TWN	Eriphia sebana	西氏光手酋婦蟹	11-02	11-03	11-04	11-05						
	Eriphia verrucosa	玩疣綿蟹	11-06	11-07	11-08							
TWN	Etisus Laevimanus	光掌滑面蟹	31-04									
TWN	Etisus splendidus	燦爛滑面蟹	31-05	31-06	31-07							
	Euryozius camachoi	卡式寬匯圓蟹	29-01	29-02								
	Eurypodius latreilii	賴氏寬足蟹	18-03									
	Gecarcinus lateralis	側身地蟹	32-27									

台灣可見	學名	中文名稱	編號				5					10
	Gecarcinus ruricola	中美地蟹	32-28	32-29	32-30	32-31	32-32	32-33	32-34			
TWN	Gecarcoidea lalandii	拉氏地蟹	32-35									
	Gecarcoidea natalis	聖誕島地蟹	32-36	32-37	32-38	32-39	32-40	32-41	32-42	32-43	32-44	32-45
			32-46	32-47	32-48	32-49						
TWN	Geograpsus crinipes	毛足陸方蟹	33-01									
TWN	Geograpsus grayi	葛氏口方蟹	33-02	33-03	33-04	33-05						
TWN	Geograpsus stormi	斯氏陸方蟹	33-06									
	Goneplax rhomboides	菱形長腳蟹	15-02									
	Goniopsis cruentata	赭斑隅角蟹	33-07	33-08								
	Goniopsis sp.	隅角蟹屬	33-09									
TWN	Grapsus albolineatus	白紋方蟹	33-10									
	Grapsus grapsus	方蟹	33-11	33-12	33-13	33-14	33-15	33-16	33-17	33-18	33-19	33-20
			33-21	33-22	33-23							
TWN	Grapsus tenuicrustatus	細紋方蟹	33-24	33-25								
	Guinotia dentata	齒緣淡諾蟹	28-02									
	Hirsutodynomene vespertilio	蝙蝠粗毛貝綿蟹	02-01									
	Homalapsis plana	扁身平伏蟹	08-19									
TWN	Huenia heraldica	紋章藻片蟹	17-01									
	Hyas araneus	蛛形巨螯蟹	20-07	20-08								
	Hyas coarctatus	窄額巨螯蟹	20-08									
	Irmengardia johnsoni	強氏艾門蟹	14-01									
TWN	Johngarthia lagostoma	寬身強蓋蟹	32-23	32-24	32-25	32-26						
	Johora singaporensis	新加坡柔佛蟹	26-01									
	Leptograpsus variegatus	雜色細方蟹	33-26									
TWN	Liagore rubromaculata	紅斑斗蟹	09-27									
	Liocarcinus holsatus	荷瑟光青蟹	25-31									
	Lissa chiragra	團手栗癭蟹	17-02									
	Lissocarcinus orbicularis	圓球光背蟹	25-32	25-33								
	Lithodes ferox	兇野石蟹	41-01									
	Lithodes murrayi	莫氏石蟹	41-02									
	Lithodes santolla	聖托拉石蟹	41-03	41-04								

台灣可見	學名	中文名稱	編號				5					10
TWN	Lithodes turritus	塔形石蟹	41-05									
TWN	Lophozozymus pictor	繡花脊熟若蟹	31-08	31-09	31-10	31-11	31-12	31-13				
	Lophozozymus pulchellus	美麗脊熟若蟹	31-14									
TWN	Lybia tessellata	花紋細螯蟹	31-15									
	Lyreidus tridentatus	三齒琵琶蟹	03-01									
TWN	Macrocheira kaempferi	甘氏巨螯蟹	18-04	18-05	18-06							
	Macropodia tenuirostris	細長臭足蟹	18-07									
	Maja crispata	皺紋蜘蛛蟹	19-01									
TWN	Maja squinado	合團蜘蛛蟹	19-02	19-03	19-04	19-05	19-06	19-07	19-08	19-09	19-10	
TWN	Matuta planipes	紅點黎明蟹	06-02									
TWN	Menippe mercenaria	雇工哲蟹	12-01	12-02								
	Metasesarma rousseauxi	盧氏後相手蟹	35-02									
	Metopograpsus frontalis	寬額大額蟹	33-27	33-28								
	Metopograpsus messor	平分大額蟹	33-29									
	Metopograpsus thukuhar	方形大額蟹	33-40									
	Mictyris brevidactyius	短指和尚蟹	37-01									
	Mithraculus forceps	鉗足疣寶石蟹	19-11									
	Mithraculus sculptus	雕紋疣寶石蟹	19-12	19-13								
	Mithrax spinosissimus	多棘寶石蟹	19-14	19-15	19-16	19-17						
	Mursia musorstomia	琴口筐形蟹	06-03									
	Necora puber	曹柏蝤蛑蟹	25-34	25-35	25-36	25-37						
	Neohelice granulata	顆粒新厚蟹	36-05									
	Neolithodes grimaldii	葛氏新石蟹	41-06									
TWN	Neopetrolisthes maculatus	紅斑新岩瓷蟹	42-01									
	Neopetrolisthes ohshimai	大島新岩瓷蟹	42-02									
	Ocypode gaudichaudii	高氏沙蟹	38-19									
TWN	Ocypode ceratophthalma	角眼沙蟹	38-01	38-02	38-03	38-04	38-05	38-06	38-07	38-08	38-09	38-10
			38-11	38-12	38-13	38-14						
TWN	Ocypode cordimana	平掌沙蟹	38-15	38-16								
	Ocypode cursor	游移沙蟹	38-17	38-18								
	Ocypode quadrata	方身沙蟹	38-20	38-21	38-22	38-23	38-24					
	Ocypode ryderi	瑞氏沙蟹	38-25	38-26								

台灣可見	學名	中文名稱	編號					5					10
	Ocypode sp.	沙蟹屬	38-27										
	Orithyia sinica	中華虎頭蟹	21-01										
TWN	Ovalipes ocellatus	眼斑圓趾蟹	25-39										
	Ovalipes punctatus	細點圓趾蟹	25-40										
TWN	Oxypleurodon orbiculatus	球形尖胸齒蟹	17-03										
	Oxypleurodon stimpsoni	斯氏尖胸齒蟹	17-04										
	Pachygrapsus marmoratus	雲斑厚紋蟹	33-31										
	Paragrapsus erythrodactyla	紅指凝相手蟹	35-03										
	paralithodes brevipes	短足疑石蟹	41-08	41-07									
	Paralithodes camtschatica	堪察加疑石蟹	41-09	41-10									
	Paralomis granulosa	顆粒仿石蟹	41-11										
	Paralomis spinosissima	棘刺仿石蟹	41-12										
	Parathelphusa reticulata	網紋束胸蟹	14-02										
TWN	Parthenope longimanus	長手菱蟹	22-01										
	Parthenope massena	團形凝菱蟹	22-02										
	Peltarion spinulosum	小刺盾型蟹	07-03										
TWN	Percnon planissimum	裸掌盾牌蟹	34-01	34-02									
	Persephona punctata	斑前蟳蟹	16-01	16-02									
	Petrolisthes monodi	莫氏岩瓷蟹	42-03										
	Phricotelphusa limula	親水覓腹蟹	13-01										
	Phricotelphusa sirindhorn	祭公主覓腹蟹	13-02										
TWN	Pilodius areolatus	網隙毛殼蟹	31-16										
	Pilumnus hirtellus	細毛毛刺蟹	23-01										
	Pilumnus sp.	毛刺蟹屬	23-02										
	Plagusia chabrus	紅岩斜紋蟹	34-03										
	Plagusia depressa	平背斜紋蟹	34-04										
TWN	Platylambrus validus	強壯口蟹	22-03										
	Platypodiella georgei	喬氏擬扁足蟹	31-17										
	Platypodiella spectabilis	豔麗擬扁足蟹	31-18										
TWN	Playmaia alcocki	阿氏扁蛛蟹	18-08										
	Pleistacantha ori	海研密刺蟹	18-09										
TWN	Podophthalmus vigil	眷守長眼蟹	25-41										

台灣可見	學名	中文名稱	編號				5					10
	Porcellana sayana	字鬚瓷蟹	42-04									
TWN	Portumnus latipes	側足梭形蟹	25-42									
TWN	Portunus granulatus	顆粒梭子蟹	25-43									
TWN	Portunus pelagicus	遠海梭子蟹	25-44	25-45	25-46	25-47	25-48	25-49	25-50	25-51		
	Portunus sanguinolentus	紅星梭子蟹	25-52									
	Portunus sayi	薩氏梭子蟹	25-53									
	Portunus sebae	斑紋梭子蟹	25-54									
TWN	Portunus trituberculatus	三疣梭子蟹	25-40	25-55	25-56							
	Potamon fluviatile	河棲溪蟹	26-02									
	Potamonautes	仿溪蟹	27-01									
	Pseudocarcinus gigas	巨大擬真蟹	12-03									
	Pugettia productus	伸展饞蟹	17-05									
TWN	Ranina ranina	蛙形蟹	03-02	03-03	03-04	03-05						
	Rochinia carpenteri	卡氏鉗刺蟹	17-06									
	Romaleon antennarium	長鬚羅鈉蟹	08-20									
	Sanquerus validus	強壯單氏蟹	25-38									
TWN	Schizophrys aspera	粗甲裂額蟹	18-10									
TWN	Scylla paramanosian	側手青蟹	25-57	25-58	25-59	25-60	25-61					
TWN	Scylla serrata	鋸緣青蟳	25-62	25-63								
TWN	Scylla sp.	青蟳屬	25-64	25-55								
	Segonzacia mesatlantica	中洋西宮蟹	04-02									
	Sesarma cinereum	灰色相手蟹	35-04									
	Stenorhynchus seticornis	長錐球端蟹	18-11	18-12	18-13	18-14	18-15					
	Tetralia nigrolineata	黑線四角蟹	30-01									
	Thaiphusa sirikit	慈皇后泰膝蟹	26-03									
	Thaipotamon chulabhorn	珠公主泰溪蟹	26-04									
	Thalamitoides quadridens	四齒擬短鯣蟹	25-66									
TWN	Trapezia areolata	網紋梯形蟹	30-02									
TWN	Trapezia cymodoce	毛掌梯形蟹	30-03									
	Trapezia ferruginea	鐵口梯形蟹	30-04									
TWN	Trapezia guttata	斑點梯形蟹	30-05									
TWN	Trapezia rufopunctata	紅斑梯形蟹	30-06									

台灣可見	學名	中文名稱	編號				5			10
TWN	Uca (Gelasimus) borealis	北方招潮	38-28							
TWN	Uca (Gelasimus) tetragonon	四角招潮	38-29	38-30	38-31	38-32	38-33	38-34	38-35	
	Uca (Gelasimus) vocans	呼喚招潮	38-36	38-37						
	Uca (Gelasimus) vomeris	鋤指招潮	38-38							
	Uca (Leptuca) pugilator	拳手招潮	38-39	38-40	38-41					
	Uca (Minuca) pugnax	好鬥招潮	38-42	38-43						
	Uca (Minuca) thayeri	薩氏招潮	38-44							
	Uca (Paraleptuca) albimana	白掌招潮	38-45							
	Uca (Paraleptuca) annulipes	環紋招潮	38-46							
	Uca (Paraleptuca) chlorophthalmus	綠眼招潮	38-47							
TWN	Uca (Paraleptuca) crassipes	粗腿招潮	38-48	38-49	38-50	38-51				
TWN	Uca (Paraleptuca) lactea	乳白招潮	38-52							
TWN	Uca (Tubuca) arcuata	弧邊招潮	38-53							
TWN	Uca (Tubuca) arcuata	弧邊招潮	38-54							
TWN	Uca (Tubuca) coarctata	窄招潮蟹	38-55							
TWN	Uca (Tubuca) formosensis	台灣招潮	38-56							
	Uca (Tubuca) rosea	玫瑰招潮	38-57							
	Uca (Uca) major	巨大招潮	38-58	38-59						
	Uca (Uca) tangeri	唐吉爾招潮	38-60	38-61						
	Uca sp.	招潮蟹屬	38-62							
TWN	Varuna litterata	字紋弓蟹	36-06							
TWN	Zosimus aeneus	銅鑄熟若蟹	31-19	31-20	31-21					

附錄三 發行國（地）索引

國家 (英)	國家 (中)	編號				5					10
Afghanistan	阿富汗	C1-01									
Ajman	阿吉曼	C2-01	C7-01								
Angola	葡爾安哥拉	25-02	33-09	38-61							
Anguilla	英爾安圭拉	09-04	32-12	38-23	C7-02						
Antigua & Barbuda	安地卡及巴布達	09-05	19-13								
Argentina	阿根廷	C1-02									
Aruba	阿魯巴	C1-03									
Ascension	亞森松島	32-23	32-24	32-25	32-26	33-13					
Australia	澳大利亞	30-02	38-38	C2-02							
Austria	奧地利	C1-04	C2-03	C2-04							
Azerbaijan	亞塞拜然	C6-01	C2-05								
Bahrain	巴林	25-29									
Bangladesh	孟加拉	C1-06	C1-05								
Barbados	巴貝多	18-11	38-22	38-39							
Barbuda	巴布達	11-06	33-15								
Belize	貝里斯	09-02	09-03								
Benin	貝南	08-14	32-01								
Bermuda	百慕達	32-27									
Bernera	柏內拉島 (蘇格蘭)	08-06	C2-06								
Bosna I Hercegovina	波黑共和國	C2-07									
Brasil	巴西	33-08	33-11	36-05	C1-07	C1-08	C1-09				
British Indian Ocean Territory	英屬印度洋群島	09-15	C5-01	32-10	33-25	38-12	40-13	40-19			
British Virgin Islands	英屬維爾京群島	09-10	18-14	19-11	25-13	35-01	38-44				
Bulgaria	保加利亞	25-19	31-12								
Burkina Faso	布吉納法索	27-01									
Burundi	蒲隆地	C2-08									
Cameroon	喀麥隆	25-01									
Cayes of Belize	貝里斯群島	25-07									
Cayman Islands	開曼群島	32-18	33-07								
CCCP	蘇聯	41-10									
CCCP (CAXA)	蘇爾薩哈林州	08-13									
Centrafricaine	中非	C1-10	C1-11								

國家(英)	國家(中)	編號				5					10
Chile	智利										
Christmas Island	聖誕島	08-18	08-19	41-03	41-04		32-40	32-41	32-42	32-43	32-44
		32-20	32-36	32-37	32-38	32-39	33-03	33-06	33-24	33-40	35-02
		32-45	32-47	32-48	32-49	33-01					
Cocos (Keeling) Islands	科科斯島	38-04	38-15	40-01	40-06	C3-01					
		25-66	30-03	30-04	30-05	30-06	31-14	31-15	31-16	31-20	32-09
		33-04	38-06	38-11	38-16	38-49	40-10				
Comoros	科摩羅伊斯蘭聯邦共和國	16-02									
Congo	剛果民主共和國	08-12	C1-12								
Cook Islands	庫克群島	09-23	09-25								
Costa Rica	哥斯大黎加	38-19									
Cote Divoir	象牙海岸	25-38									
Cuba	古巴	09-01	09-08	09-11	25-05	32-15	32-17	32-28	C1-13	C2-09	C3-02
Cyprus	賽普勒斯	05-06	22-02	38-18	C1-14						
Denmark	丹麥	C5-02									
D'HAITI	海地	31-18									
Djibouti	吉布地	38-45									
Dominica	多明尼加	09-07	18-13	25-15	28-02	32-29	C1-15				
Dominicana	多明尼加共和國	25-16	28-01	32-34							
DPR Korea	北韓	07-02	20-01	22-03	25-55	31-02	36-01	38-53	41-09		
		C5-03									
Dubai	杜拜	08-03									
Ecuador	厄瓜多	33-21	33-23								
Espana	西班牙	25-31									
Falkland Islands	福克蘭群島	18-03	41-11								
Fiji	斐濟群島	25-63	32-06	33-29	35-03	38-62	40-18	C5-04			
		C2-10									
France	法國	C7-03									
French Territory of the Afars and Issas	法屬阿法爾和伊薩領地										
Fujeira	富介拉	25-22	25-45	42-03	C1-16	C2-11					
Gabonaise	加彭	19-06	32-02								
Gambia	甘比亞	08-15	38-60								
Ghana	迦納	05-07	19-07	32-03	33-19	38-17					
Gibraltar	直布羅陀	C7-04									

國家 (英)	國家 (中)	編號				5					10
Gilbert & Ellice	吉爾柏特及埃里斯群島	03-02	09-17	25-46	38-02						
Greece	希臘	C2-12	C7-05								
Grenada	格瑞那達	05-02 33-17	09-06 34-04	09-09 38-21	16-01 42-04	19-12	19-16	25-14	25-54	32-13	32-30
Guernsey	根西島	25-27	C4-01	C4-02							
Guinea	幾內亞共和國	33-14	C2-13								
Guyana	蓋亞那	04-01	C2-14	C3-04							
Hakasia	哈卡斯共和國	C5-05									
Haute-Volta	上伏塔	C2-15									
Iceland	冰島	20-07									
India	印度	C6-02									
Indonesia	印尼	25-56	31-03	C1-17	C1-18						
Isle of Pabay	爸海灣島 (蘇格蘭)	25-20									
Israel	以色列	C2-16	C2-17	C2-18							
Italy	義大利	C2-19									
Jamaica	牙買加	C5-06									
Japan	日本	11-01 C3-06	18-05	20-04	20-05	20-06	32-04	37-01	38-01	38-55	C3-05
Jersey	澤西島	08-08	19-02	19-08	25-36						
Jugoslavia	南斯拉夫	C1-19									
Kalaallit Nunaat	卡西里格努瓦特 (格陵蘭)	20-02	20-08		41-06						
Kazakhstan	哈薩克	C2-20									
Kiribati	吉里巴斯	09-20	25-33	31-07	31-11	31-13	09-26				
Korea	南韓	20-03	21-01								
Kuwait	科威特	09-14	C1-20								
Laos	寮國	32-19									
Libya	利比亞	05-05	08-11	11-08	17-02	18-07	19-09	23-01	25-23	25-37	
Liechtenstein	列支敦斯登	C2-21									
Macambique	莫三比克	08-16	25-48	25-62	32-46	40-23					
Macau	澳門	C6-03	C4-03								
Madagasikara	馬達加斯加	38-08									
Magyarorszag	匈牙利	C2-22									

國家 (英)	國家 (中)	編號				5					10
Malaysia	馬來西亞	30-01	38-57	42-02							
Maldives	馬爾地夫	09-18	17-01	18-10	25-41	25-43	31-01	31-04	34-01	38-47	
Mali	馬利	07-01	C1-21								
Malta	馬爾他	19-10									
Marshall Islands	馬紹爾群島	40-07	C2-23								
Mauritanie	茅利塔尼亞伊斯蘭共和國	C1-22									
Mauritius	模里西斯	31-19	32-11	38-29	40-20	33-05	36-06				
Mexico	墨西哥	38-43									
Monaco	摩納哥	18-04	C1-23	C6-04							
Mongolia	蒙古	C3-07									
Montserrat	蒙特塞拉特島	33-22									
Morocco	摩洛哥	05-04									
Mozambique	莫三比克	08-02	38-13	38-25	C4-04						
Namibia	納米比亞	24-03									
Nederland	荷蘭	25-21	25-25	C1-24	C1-25	C2-24					
Nepal	尼泊爾	C1-26	C1-27	C1-28							
Nevis	尼維斯島	05-03 C3-08	12-01	19-17	25-11	25-53	32-14	32-31	33-18	35-04	38-41
New Zealand	紐西蘭	07-03	33-26	34-03							
Nieuw Guinea	荷蘭新幾內亞	09-13									
Niger	尼日	26-02	C1-29	C1-30							
Nigeria	奈及利亞	17-06	24-02	24-04	41-01	C6-06					
Niuafo'ou	紐阿福歐	39-02									
Niue	紐埃	32-22	33-02	40-02	40-03	40-17					
Norge	挪威	08-17									
Nouvelle-Caledonie	新喀里多尼亞	03-01	05-01	06-03	17-03	31-05					
Noyta CCCP	俄羅斯	C7-06									
Oman	阿曼	C6-07									
Pakistan	巴基斯坦	C1-31	C1-32	C4-05							
Palau	帛琉	01-02 C8-01	24-01	25-08	25-09	25-60	25-61	32-35	38-14	38-35	40-24
Panama	巴拿馬	19-14									

國家 (英)	國家 (中)	編號				5					10
Papua New Guinea	巴布亞紐幾內亞	11-04	25-65	31-21	32-07	38-33					
Paraguay	巴拉圭	11-07									
People's Republic of China	中華人民共和國	C1-33	C4-06	C8-02	36-02	C3-09	C3-10				
Peru	秘魯	33-20	C8-03								
Philippines	菲律賓	02-01	15-01	17-04	18-01	18-02	18-09	29-02	29-01	C1-34	
Pitcairn Islands	英屬皮特克恩恩群島	40-25	40-28								
Poccnr	俄羅斯	C2-25									
Poland	波蘭	C2-26									
Polynesie	法屬波利尼西亞	09-22	38-48	40-08	19-01						
Portugal	葡萄牙	04-02	23-02	39-01	C5-07						
Rasal Khaima	拉斯海馬	25-40									
Republic of China	中華民國	03-03	09-27	18-08	22-01	38-28	38-52	38-54	38-56	C2-27	C2-28
Romana	羅馬尼亞	33-31	C2-29	C6-08							
Russia	俄羅斯	4-08									
S.Tome E Principe	聖多美普林西比	10-01	12-03	18-06	25-17	25-26	25-39	38-34			
Saharaui	撒拉威	32-08	38-50								
Saint Lucia	聖露西亞	38-58	38-59								
Saint Pierre & Miquelon	法屬聖皮耶與秘克隆群島	08-01									
Samoa	薩摩亞	09-16	C6-09								
San Marino	聖馬利諾	C2-30									
Senegal	塞內加比亞及尼日爾	19-05	25-35	33-12	33-16						
Shqiperia	阿爾巴尼亞	08-04	25-18								
Singapore	新加坡	14-01	14-02	26-01	31-09	38-37	C2-31				
Solomon Islands	索羅門群島	03-04	09-24	11-03	25-32	31-06	31-10	33-10	33-27	33-28	34-02
Solomon Islands	索羅門群島	38-07	38-31	38-32	40-14	40-16					
Somalia	索馬利亞	25-50	38-27	C3-11							
South Georgia	南喬治亞	41-12									
Srilanka	斯里蘭卡	38-46	C2-32								
St. Christopher Nevis Anguilla	聖克里斯多福尼維斯安圭拉	25-34									
St. Helena	聖赫勒拿島	3H-17									
ST.Vincent	聖文森	18-12	19-15	25-06	38-20	38-42	C5-08				
Staffa	斯塔福島 (蘇格蘭)	08-05	08-07	15-02	19-03	19-04					

國家 (英)	國家 (中)	編號 1	2	3	4	5	6	7	8	9	10
Switzerland	瑞士	C2-33									
Syrie	敘利亞	C1-35									
Tanzania	坦尚尼亞	01-01	03-05	08-09	11-05	12-02	25-12	25-51	32-16	32-32	36-03
		38-26	40-15	40-21	40-22						
Terres Australes et Antarctiques Francaises	法屬南極洲	41-02	C4-07								
Thailand	泰國	06-01	06-02	13-01	13-02	25-47	25-58	26-03	26-04	32-21	
Tokelau	托克勞	38-09	38-10								
Tonga	東加	25-42	25-64	38-51	40-05						
Tunisienne	突尼西亞共和國	25-24									
Turkey	土耳其	C1-36	C1-37	C1-38	C2-34						
Turks & Caicos Islands	英屬特克斯及凱科斯群島	09-12	18-15	C3-12							
Tuvalu	吐瓦魯	09-21	11-02	31-08	38-05	40-04	40-09	42-01	C6-10		
Uganda	烏干達	32-33	36-04								
United Kingdom	英國	08-10	25-28	C3-03							
United Nations	聯合國	C1-39									
Uruguay	烏拉圭	C1-40	C5-09								
USA	美國	08-20	17-05	25-03	25-04	25-10	38-40	C3-13	C6-11		
Vanuatu	萬那杜	40-27									
Venezuela	委內瑞拉	38-24									
Vietnam	越南	25-30	25-44	25-49	25-52	25-57	25-59	38-36	41-05	41-07	C5-10
		C5-11									
West Germany	西德	C6-12									
Ykpaiha	烏克蘭	C2-35									
Zil Elwagne Sesel (Seychelles)	塞席爾	09-19	32-05	38-03	38-30	40-11	40-12				

參考文獻

大森 信(1985)‧蝦と蟹－切手をめぐるその自然誌(日文)‧東京：恆星社厚生閣。

小林安雅(2000)‧海辺の生き物 (日文)‧東京：山と溪谷社。

台灣濕地保護聯盟(無日期)‧台灣地區螃蟹名錄‧2009年6月6日取自http://www.wetland.org.tw/trip/class/
crab/word-1.htm

何平合(1994)‧臺灣產扇蟹類之分類與分布研究‧國立台灣海洋大學 漁業研究所‧博士論文。

何平合、洪明仕(1998)‧新竹市海邊的螃蟹 (二版，122頁)‧新竹市：新竹市政府。

李榮祥 (2001)‧台灣賞蟹情報‧台北：大樹。

李冠興 (2005)‧臺灣產蟹類形態、棲地與行為生態關係之研究‧國立台灣海洋大學‧環境生物與漁業科學
學系‧碩士論文。

李政璋、黃榮富、張文炳(2008)‧台灣地蟹科蟹類及其幼苗分類研究‧於邵廣昭、彭鏡毅、吳文哲主編‧
2008台灣物種多樣性 - I.研究現況(215-227頁)‧台北：農委會林務局。

武田正倫(1997)‧海辺の生き物(日文)‧東京：成美堂。

邵廣昭、彭鏡毅、吳文哲主編‧2008台灣物種多樣性 - II.物種名錄‧(633-653頁)，台北：農委會林務局。

施志昀(1994)‧臺灣淡水蝦、蟹之分類、分布及幼苗變態研究‧國立臺灣海洋大學‧博士論文。

施志昀、游祥平(1999)‧台灣的淡水蟹‧高雄市：海生館籌備處。

施習德(1994)‧招潮蟹‧高雄市：海生館籌備處。

施習德(2000)‧台灣蟹類的研究資訊.台灣博物 67：39-49。

施習德(2008)‧台灣蟹類總名錄‧2009年6月6日取自http://web.nchu.edu.tw/~htshih/arab/cb_list.htm

施習德(無日期)‧琉球與日本淡水蟹的多樣性‧台灣濕地2-23頁‧2009年6月6日取自http://www.wetland.org.
tw/ newweb/hope /pdf_file/6802.pdf

益田 一、林 公義、中村宏治、小林安雅(1996)‧フィールド図鑑：海岸動物(二版，256頁)(日文)‧東
京：東海大學。

峯 水亮(2000)‧海の甲殼類(日文)‧東京：文一總合。

黃榮富、游祥平 (1997)‧台灣產梭子蟹類彩色圖鑑‧高雄市：海生館籌備處。

黃榮富 (1989)‧台灣河口域沙蟹科、方蟹科及和尚蟹科之蟹類研究‧國立台灣海洋大學‧漁業科研究所‧
碩士論文。

黃榮富 (1993)‧台灣產梭子蟹類之分類及分布研究‧國立台灣海洋大學‧漁業研究所‧博士論文。

陳天任、賴景陽、何‧平合、柳芝蓮、陳章波 (1996) 台灣常見魚介貝類圖說(上)‧台北：台灣省漁業局。

奧谷喬司(1994)‧海辺の生きもの (日文)‧東京：山と溪谷社。

劉烘昌 (未註明)‧臺灣的陸蟹傳奇‧國立海洋科技博物館2009年6月6日取自http://www.nmmst.gov.tw/
nmmst/adm/upload_4/ 003.pdf

鄭明修(1998)‧墾丁國家公園的－蝦兵蟹匠屏東：墾丁國家公園管理處。

戴愛云、楊思諒、宋玉枝、陳國孝(1986)‧中國海洋蟹類‧北京：海洋出版社。

References

Ahyong, S. T. (2007). Pleistacantha ori: A New Species of Deep-Water Spider crab (Crustacea: Decapoda: Brachyura: Majidae) form the Western Indian Ocean. The Raff. Bull. of Zool., Suppl. 16: 67-74.

Arimoro F.O. & Idoro B. O. (2007). Ecological Studies and Biology of Callinectes amnicola (Family: Portunidae) in the Lower Reaches of Warri River, Delta State, Nigeria. World Jourl. of Zool., 2 (2): 57-66.

Boyer, M., (2009). Holoturian harlequin crab. Retrieved Jun 6, 2009, from ht tp://www.seadb.univpm. it/en_Holoturian-harlequin-crab- Lissocarcinus-orbicularis_632.htm

Chan, T. Y., Ng, P. K. L., Ahyomg, S. T., & Tan, S.H. (2009). Crustacean Funa of Taiwan: Brachyuran Crabs, Volume I — Carcinology in Taiwan and Dromiacea, Raninoida, Cyclodorippoida. Keelung: N.T. O. U.

Charmantier D.M., Segonzac M. (1998). Organ of Bellonci and sinus gland in three decapods from Atlantic hydrothermal vents: Rimicaris exoculata, Chorocaris chacei, and Segonzacia mesatlantica. Jourl. of Crust. Biol., 18: 213-223.

Chavan, V.S.; Ingole, B.S.; Raveendranath Reddy; D. Chandramohan; B. F. Chhapgar ; D. P. Kavlekar and Vishwanath Kulkarni (1998). CDROM on Marine Crabs of India [NIO's Database on Marine Life of India (NIODMLI)] Bioinformatics Center, National Institute of Oceanography, Dona Paula, Goa 403 004, India. Module 2, ver. 1.0. Retrieved Jun 6, 2009, from http://www.nio.org/crab/crabs/menu.html

Chute, A.(2006, Dec). Resource Evaluation and Assessment Division ∶ Deep Sea Red Crab.,Status of Fishery Resources off the Northeastern US, NEFSC, Retrieved Jun 6, 2009, from http://www. nefsc.noaa.gov/sos/spsyn/iv/redcrab/

Cleaning House Mechanism (2005). Crustacean Fauna in Thailand. Retrieved Aug. 12, 2009, from http://chm-thai.onep.go.th/ Meeting/1Nov07/Doc/Crustacean.pdf

Crane, J. (1975). Fiddler Crabs of the World. NJ: Princ. Univ. Press.

Davey K. (2004).A Photographic Guide To Seashore Life of Australia. Sydney: New Holland.

Den Hartog, J. C. & Türkay, M. (1991). Platypodiella georgei spec. nov. (Brachyura: Xanthidae), a new crab from the island of St. Helena, South Atlantic Ocean, with notes on the genus Platypodiella Guinot, 1967. Zool. Meded., 65 : 209-220.

Fishelson, L., (1971). Ecology and distribution of the benthic fauna in the shallow waters of the Red Sea. Mar. Biol., Berl. 102: 113-133.

Fisheries Research Agency (2009, Aug.12). Persephona punctata (Linnaeus, 1758). Marine Fisheries Research and Development Center. Retrieved Aug. 12, 2009, from http://jamarc.fra.affrc.go.jp/zukan/c/c-1/c-m030/c-116.htm

Fitzsimons, C.(1995). An Instant Guide To Seashore Life. New York: Crescent Book.

Forges de, B.R. & Ng, P. K. L. (2007). Note on Deep-Sea Spider Crab of the Genus Cyrtomaia Miers, 1886, from Philippines (Crustacea: Decapoda: Brachyura: Majidae), with Description of a New Species. The Raff. Bull. of Zool., Suppl. 16: 55-65.

Fransozo, Z., Negreiros-Fransozo, M.L., Martin, J.W. & Trautwein, S.E. （2001） Morphology of the First Zoeal Stage of Platypodiella spectabilis (Herbst,1794).(Decaopda, Brachyura, Xanthidae) Obtained in the Laboratory. Gulf and Carib. Rese.13:79-85.

Fratini,S., Cannicci,S., Abincha, L. M. & Vannini, M. （2000）.Feeding, Temporal, and Spatial Preferences of Metopograpsus thukuhar (Decaposa; Grapsidae): An Opportunistic Mangrove Dweller. Jourl. of Crust. Biol. 20(2):326-333.

Garcia, G.B., Perez, D., Duarte, L.O. & Manjarres, L.(2008). Experimental results with a reducing device for juvenile fishes in a tropical shrimp fishery: impact on the invertebrate bycatch. Pan-Amer. Joun. of Aqua. Scien. 3(3):275-281.

Gherardi F., Guidi S. & Vannini M(1987). Behavioural ecology of the freshwater crab, Potamon fluviatile, Preliminary observation. Inves. Pesq. 51: 389-402.

Griffin, D.J.G. & Tranter, H. (1986). The Decapoda Brachyura of the Siboga Expedition. Part VIII. Majidae. Siboga-Expéditie, Monogr., 39(c4): 1–335.

Guerao, G., Rufino, M. & Abell, P. (2003). Morphology of the larval and first juvenile stages of the spider crab Lissa chiragra (Brachyura: Majidae: Pisinae). Jourl. of Natu. Hist., 37(6): 647 – 671.

Hartnoll, R. G., MackIntosh, T. & Pelembe, T. J. (2006). Johngarthia lagostoma (H. Milne Edwards, 1837) on Ascension Island: a very isolated land crab population. Crust., 79(2): 197-215

Hayward, P., Smith, T.N.,& Shields C.(1996). Collins Pocket Guide: Sea Shore of Britain & Northern Europe. London: Harper Collns.

Jones D., Morgan G. (2002). A Field Guide to Crustaceans of Australln Waters. Sydney: New Holland.

Kaplan, E. H.(1988).Peterson Field Guides: Southeastern and Caribbean Seashores. New York: Houghton Mifflin.

Kazutaka Takahashi, K. & Kawaguchi, K. (n.d.),Nocturnal occurrence of the swimming crab Ovalipes punctatus in the swash zone of a sandy beach in northeastern Japan. Fish. Bull., 99(3):510-515. Retrieved Jun 6, 2009, from http://fishbull.noaa.gov/993/tak.pdf

Kite, P. (1994). Down in the Sea; The Crab., Toronto:Albert Whitman & Company.

Klages, M., Gutt, J., Starmans, A. & Bruns T.(1999).Stone orabs to the Atlantic Contlent :Lithodes murrayi Henderson, 1888 (Crustacean: Decapoda; Anomura) off Peter I Island(68 ° 51，S, 90 ° 51，W). Polar. Biol.15:73-75.

Lim, K. K. P., Murphy, D.H.,T., Sivasothi, M. N., Ng, P. K .L., Soong, B. C., Tan, H. T. W., Tan, K. S. & T. K. Tan, 2001, A Guide to Mangroves of Singapore II: Animal Diversity, p56-p83, Singapore：Singa. Scien. Centre.

Lim, S., Ng, P., Tan, L. & Chin,W. Y., (1994). Rhythm of the Sea: The Life and Times of Labrador Beach. Division of Biology, School of Science, Nanyang Technological University & Department of Zoology, the National University of Singapore. 1-160.

Liu, H. C. & Jeng, M. S.(2007). Some Reproductive Aspects of Gecarcoidea lalandii (Brachyura: Gecarcinidae) in Taiwan. Zool. Stud. 46(3): 347-354.

Mafham K. P., Mafham R. (2004). Seashore. London: Harper Collns.

Midnight Monkey Monitor.(n.d.) Endemic to Singapore. Retrieved Aug. 12, 2009, from http://leafmonkey. blogspot.com/2006/08/ endemic- to-singapore.html

Mojetta, A. (1996). The Mediterranean Sea: Guide to the Underwater Life. Italy:White Star.

Ng, P. K. L. and Sivasothi, N. (1999). A Guide to the Mangroves of Singapore 1: the ecosystem and plant diversity. Singapore Science Centre, Singapore. pp. 150-151.

Ng, P.K.L. & McLay, C.L.(2005). Dicranodromia danielae, a new species of homolodromiid crabfrom the Philippines (Crustacea: Decapoda: Brachyura) Zootaxa, 1029: 39–46. Retrieved Jun 6, 2009, from http://www.mapress.com/zootaxa/2005f/z01029p046f.pdf

Ng, P. K. L., Guinot, D. & Davie, P. J. F.,(2008). Systema Brachyurorum: Part 1. An annotated checklist of extant Brachyuran crabs of the world. The Raffs Bull. of Zool., Suppl. 17: 1-286.

Nitikul,A., Boulbet, J.& Briksavan N.(2009). Khao Phra Thaeo National Park & the Gibbon Rehabilitation

附
錄

Center. Retrieved Aug. 12, 2009, from http://phuket.sawadee.com/grc.htm

Omori M., Holthuis L. B. (2000). Crustaceans on Postage Stamps from 1870 to 1997. Rept. Tokyo Univ. Fish. 35:1-89.

Oscar Iribarne, O., Bortolus, A. & Botto F. (1997). Between-habitat differences in burrow characteristics and trophic modes in the southwestern Atlantic burrowing crab Chasmagnathus granulate. Mar. Ecol. Prog. Ser.,,155: 137-145.

Ovenden D., Barrett J.(1986). A Handgulde to the Sea Coast. London: Treasure.

Pan, M. (2009, Feb. 25). Goniopsis cruentata, Purple mangrove crab., Vancouver, Canada, Retrieved Aug. 12, 2009, from http://sealifebase.org/Summary/SpeciesSummary.php?id=27215

---------- (2009, Feb. 25). Paralomis spinosissima., Vancouver, Canada, Retrieved Aug. 12, 2009, from http://www.sealifebase.org/summary/ SpeciesSummary.php?id=83804&lang=English

Rafael Augusto Gregati, R. A. & Maria Lucia Negreiros-Fransozo M.L. (2007). Relative growth and morphological sexual maturity of Chasmagnathus granulatus (Crustacea, Varunidae) from a mangrove area in southeastern Brazilian coast. Zool., 97(3):268-272.

Raffles Museum of Biodiversity Research, Department of Biological Sciences(2008).Expeditions: New Crustaceans Species from the Philippines. Faculty of Science, National University of Singapore. Retrieved Aug. 12, 2009, from http://rmbr.nus.edu.sg/expeditions/ new_crustaceans_species.php

Richmond, M.D.(1997). A guide to the Seashores of Eastern Africa and the Western Indian Ocean Islands. Sida / Depart. for Resea. Cooper., SAREC. Zanzibar, Tanzania.

Shih, H.T., Naruse, T. & Ng, P. K. L., (2010). Uca jocelynae sp.nov., a new species of fiddler crab (Crustacea: Brachyura:Ocypodidae) from the West Pacific. Zootaxa, 2337:47-62.

Skewes, M. (2008). Pilumnus hirtellus. Bristly crab. Marine Life Information Network: Biology and Sensitivity Key Information Sub-programme. Plymouth: Marine Biological Association of the United Kingdom. Retrieved Aug. 12, 2009, from http://www.marlin.ac.uk/speciesinformation. php?speciesID=4131

Stanfield, L. (2009, Aug. 2). Republic of the Philippines - Stamps & Postal History, RP Issues of 2008: Philippine Crabs (Newly Discovered). Retrieved Aug. 12, 2009, from http://linstan13.com/RP2008-Crabs.htm

Suárez, C.& Carlos A.(2003). Reproductive biology and relative growth in the spider crab maja crispata (Crustacea: Brachyura: Majidae). Scie. Mari. 67:75-80.

Swallow, S.(2000). Spotter's Guide to The Seashore. London: Usborne.

Tabaranza, G.K.E.(2009, Feb. 25). Parthenope massena.,Vancouver, Canada, Retrieved Aug. 12, 2009, from http://www.sealifebase.org/ summary/SpeciesSummary.php?id=9327&lang=English

University of Delaware (2003. Nov.) .To the Depths of Discovery：The Vent crab. Retrieved Aug. 12, 2009, from http://www.ceoe.udel.edu/extreme2003/creatures/ventcrab/index.html

Vannini, M. (1980). Notes on the behaviour of Ocypode ryderi Kingsley (Crustacea, Brachyura) . Marin. and Fresh. Behav. And Physi. 7(2):171-183.

Wee, D.P.C. & Ng, P.K.L. (1995). Swimming crabs of the genera Charybdis De Haan, 1833, and Thalamita Latreille, 1829 (Crustacea: Decapoda: Brachyura: Portunidae) from Peninsular Malaysia and Singapore. The Raff. Bull. of Zool., Suppl. 1: 1-128.

Williams, A. B. (1984). Shrimps, Lobster, and Crabs of the Atlantic Coast of the Eastern United States, Maine to Florida. Washington: Smithsonian Institution.

Witte, A., Mahaney C. (1999). Hawaiian Reef Critters. Hawaii: Island Heritage.

Zim, H. S., Ingle, L.(1989). Seashore Life. New York: St. Martins.

更多最新的高談文化、序曲文化、華滋出版新書與活動訊息請上網查詢
www.cultuspeak.com.tw 網站
www.wretch.cc/blog/cultuspeak 部落格

藝術館

佩姬‧古根漢	佩姬‧古根漢	220
你不可不知道的300幅名畫及其畫家與畫派	高談文化編輯部	450
面對面與藝術發生關係	藝術世界編輯部	320
梵谷檔案	肯‧威基	300
你不可不知道的100位中國畫家及其作品	張桐瑀	480
郵票中的祕密花園	王華南	360
對角藝術	文：董啟章 圖：利志達	160
少女杜拉的故事	佛洛伊德	320
你不可不知道的100位西洋畫家及其創作	高談文化編輯部	450
從郵票中看中歐的景觀與建築	王華南	360
我的第一堂繪畫課	文/烏蘇拉‧巴格拿 圖/布萊恩‧巴格拿	280
看懂歐洲藝術的神話故事	王觀泉	360
向舞者致敬—— 全球頂尖舞團的過去、現在與未來	歐建平	460
米開朗基羅之山——天才雕刻家與超完美大理石	艾瑞克‧西格里安諾	450
圖解西洋史	胡燕欣	420
歐洲的建築設計與藝術風格	許麗雯暨藝術企畫小組	380
城記	王軍	500
超簡單！幸福壓克力彩繪	程子潔暨高談策畫小組	280
西洋藝術中的性美學	姚宏翔、蔡強、王群	360
女人。畫家的繆斯或魔咒	許汝紘	360
用不同的觀點，和你一起欣賞世界名畫	許汝紘	320
300種愛情——西洋經典情畫與愛情故事	許麗雯暨藝術企劃小組	450
電影100名人堂	邱華棟、楊少波	400

比亞茲萊的插畫世界	許麗雯	320
西洋藝術便利貼—— 你不可不知道的藝術家故事與藝術小辭典	許麗雯	320
從古典到後現代：桂冠建築師與世界經典建築	夏紓	380
書・裝幀	南伸坊	350
宮殿魅影——埋藏在華麗宮殿裡的美麗與哀愁	王波	380
百花齊放： 33位最具影響力的現代藝術家及其作品	魏尚河	370
圖解藝術史	白瑩	450
世博與建築	鄭時齡、陳易	350
世博與郵票	王華南	320

音樂館

尼貝龍根的指環	蕭伯納	220
卡拉絲	史戴流士・加拉塔波羅斯	1200
洛伊-韋伯傳	麥可・柯凡尼	280
你不可不知道的音樂大師及其名作 I	高談文化編輯部	200
你不可不知道的音樂大師及其名作 II	高談文化編輯部	280
你不可不知道的音樂大師及其名作 III	高談文化編輯部	220
文話文化音樂	羅基敏、梅樂亙	320
你不可不知道的100首名曲及其故事	高談文化編輯部	260
剛左搖滾	吉姆・迪洛葛迪斯	450
你不可不知道的100首交響曲與交響詩	高談文化編輯部	380
杜蘭朵的蛻變	羅基敏、梅樂亙	450
你不可不知道的100首鋼琴曲與器樂曲	高談文化編輯部	360
你不可不知道的100首協奏曲及其故事	高談文化編輯部	360
你不可不知道的莫札特100首經典創作及其故事	高談文化編輯部	380

更多最新的高談文化、序曲文化、華滋出版新書與活動訊息請上網查詢
www.cultuspeak.com.tw 網站
www.wretch.cc/blog/cultuspeak 部落格

高談文化

聽音樂家在郵票裡說故事	王華南	320
古典音樂便利貼（全新修訂版）	許麗雯	320
「多美啊！今晚的公主！」——理查·史特勞斯的《莎樂美》	羅基敏、梅樂亙編著	450
音樂家的桃色風暴	毛昭綱	300
華格納·《指環》·拜魯特	羅基敏、梅樂亙著	350
你不可不知道的100首經典歌劇	高談文化編輯部	380
你不可不知道的100部經典名曲	高談文化編輯部	380
你不能不愛上長笛音樂	高談音樂企畫撰稿小組	300
魔鬼的顫音——舒曼的一生	彼得·奧斯華	360
如果，不是舒曼——十九世紀最偉大的女鋼琴家克拉拉·舒曼	南西·瑞區	300
永遠的歌劇皇后：卡拉絲		399
你不可不知道的貝多芬100首經典創作及其故事	高談文化音樂企劃小組	380
你不可不知道的蕭邦100首經典創作及其故事	高談文化音樂企劃小組	320
小古典音樂計畫 I：巴洛克、古典、浪漫樂派(上)	許麗雯	280
小古典音樂計畫 II：浪漫(下)、國民樂派篇	許麗雯	300
小古典音樂計畫 III：現代樂派	許麗雯	300
打開「阿帕拉契」之夜的時光膠囊——是誰讓瑪莎·葛萊姆的舞鞋踩踏著柯普蘭的神祕音符？	黃均人	300
蕭邦在巴黎	泰德·蕭爾茲	480
電影夾心爵士派	陳榮彬	250
音樂與文學的對談——小澤征爾vs大江健三郎	小澤征爾、大江健三郎	280
愛上經典名曲101	許汝紘暨音樂企劃小組	380
圖解音樂史	許汝紘暨音樂企劃小組	350
藝術歌曲之王——舒伯特傳	卡爾·柯巴爾德	350

旖旎‧悲愴的華麗樂章——柴可夫斯基傳	克勞斯‧曼	350
圖解音樂大師（上）	許汝紘暨音樂企劃小組	350
圖解音樂大師（下）	許汝紘暨音樂企劃小組	350

時尚設計館

你不可不知道的101個世界名牌	深井晃子主編	420
品牌魔咒（精）	石靈慧	580
品牌魔咒（全新增訂版）	石靈慧	490
你不可不知道的經典名鞋及其設計師	琳達‧歐姬芙	360
我要去英國shopping——英倫時尚小帖	許芷維	280
衣Q達人——打造時尚品味的穿衣學	邱瑾怡	320
螺絲起子與高跟鞋	卡蜜拉‧莫頓	300
決戰時裝伸展台	伊茉琴‧愛德華‧瓊斯及一群匿名者	280
床單下的秘密——奢華五星級飯店的醜聞與謊言	伊茉琴‧愛德華‧瓊斯	300
金屬編織——未來系魅力精工飾品DIY	愛蓮‧費雪	320
妳也可以成為美鞋改造達人—— 40款女鞋大變身， 11位美國時尚設計師聯手出擊實錄	喬‧派克漢、莎拉‧托利佛	320
潘朵拉的魔幻香水	香娜	450
時尚經濟	妮可拉‧懷特、伊恩‧葛里菲斯	420
鐵路的迷你世界——鐵路模型	王華南	300
日本文具設計大揭密	「シリーズ知‧‧遊‧具」編集部 編	320
東富、西貴、南賤、北貧—— 你抓不住的北京天際線	邱竟竟	300

更多最新的高談文化、序曲文化、華滋出版新書與活動訊息請上網查詢
www.cultuspeak.com.tw 網站
www.wretch.cc/blog/cultuspeak 部落格

美麗の創意革命—— 輕鬆招來好運氣的改運美容術	李國政、李麗娟	250
名畫中的時尚元素	許汝紘	300

人文思潮館

文人的飲食生活（上）	嵐山光三郎	250
文人的飲食生活（下）	嵐山光三郎	240
愛上英格蘭	蘇珊‧艾倫‧透斯	220
千萬別來上海	張路亞	260
東京‧豐饒之海‧奧多摩	董啟章	250
數字與玫瑰	蔡天新	420
穿梭米蘭昆	張釦維	320
體育時期(上學期)	董啟章	280
體育時期(下學期)	董啟章	240
體育時期(套裝)	董啟章	450
十個人的北京城	田茜、張學軍	280
城記	王軍	500
我這人長得彆扭	王正方	280
流離	黃宜君	200
千萬別去埃及	邱竟竟	300
柬埔寨：微笑盛開的國度	李昱宏	350
冬季的法國小鎮不寂寞	邱竟竟	320
泰國、寮國：質樸瑰麗的萬象之邦	李昱宏	260
越南：風姿綽約的東方巴黎	李昱宏	240
不是朋友，就是食物	殳俏	280
帶我去巴黎	邊芹	350

親愛的，我們婚遊去	曉瑋	350
騷客・狂客・泡湯客	嵐山光三郎	380
左手數學.右手詩	蔡天新	420
天生愛流浪	稅曉潔	350
折翼の蝶	馬汀・弗利茲、小林世子	280
不必說抱歉——圖書館的祕境	瀨尾麻衣子	240
改變的秘密：以三個60天的週期和自己親密對話	鮑昕昀	300
書店魂——日本第一家個性化書店LIBRO的今與昔	田口久美子	320
橋藝主打技巧	威廉・魯特	420
新時代思維的偉大搖籃——百年北大的遞嬗與風華	龐洵	260
一場中西合璧的美麗邂逅——百年清華的理性與浪漫	龐洵	250
夢想旅行的計畫書	克里斯・李 Chris Li	280
消失的神祕王朝	文裁縫	320
人生的光明面	許汝紘暨編輯小組	280
成功者的關鍵智慧	許汝紘暨編輯小組	280
圖解天工開物	許汝紘	320

古典智慧館

愛說台語五千年——台語聲韻之美	王華南	320
講台語過好節——台灣古早節慶與傳統美食	王華南	320
教你看懂史記故事及其成語(上)	高談文化編輯部	260
教你看懂史記故事及其成語(下)	高談文化編輯部	260
教你看懂唐宋的傳奇故事	高談文化編輯部	220
教你看懂關漢卿雜劇	高談文化編輯部	220

更多最新的高談文化、序曲文化、華滋出版新書與活動訊息請上網查詢
www.cultuspeak.com.tw 網站
www.wretch.cc/blog/cultuspeak 部落格

高談文化

教你看懂夢溪筆談	高談文化編輯部	220
教你看懂紀曉嵐與閱微草堂筆記	高談文化編輯部	180
教你看懂唐太宗與貞觀政要	高談文化編輯部	260
教你看懂六朝志怪小說	高談文化編輯部	220
教你看懂宋代筆記小說	高談文化編輯部	220
教你看懂今古奇觀(上)	高談文化編輯部	340
教你看懂今古奇觀(下)	高談文化編輯部	320
教你看懂今古奇觀(套裝)	高談文化編輯部	490
教你看懂世說新語	高談文化編輯部	280
教你看懂天工開物	高談文化編輯部	350
教你看懂莊子及其寓言故事	高談文化編輯部	320
教你看懂荀子	高談文化編輯部	260
教你學會101招人情義理	吳蜀魏	320
教你學會101招待人接物	吳蜀魏	320
我的道德課本	郝勇 主編	320
我的修身課本	郝勇 主編	300
我的人生課本	郝勇 主編	280
教你看懂菜根譚	高談文化編輯部	320
教你看懂論語	高談文化編輯部	280
教你看懂孟子	高談文化編輯部	320
范仲淹經營學	師晟、鄧民軒	320
王者之石——和氏璧的故事	王紹璽	299

環保心靈館

我買了一座森林	C. W. 尼可（C.W. Nicol）	250
狸貓的報恩	C. W. 尼可（C.W. Nicol）	330
TREE	C. W. 尼可（C.W. Nicol）	260
森林裡的特別教室	C. W. 尼可（C.W. Nicol）	360
野蠻王子	C. W. 尼可（C.W. Nicol）	300
森林的四季散步	C. W. 尼可（C.W. Nicol）	350
獵殺白色雄鹿	C. W. 尼可（C.W. Nicol）	360
威士忌貓咪	C.W.尼可（C.W. Nicol）、森山徹	320
看得見風的男孩	C.W.尼可（C.W. Nicol）	360
北極烏鴉的故事	C.W.尼可（C.W. Nicol）	360
製造，有機的幸福生活	文/駱亭伶 攝影/何忠誠	350
吃出年輕的健康筆記	蘇茲・葛蘭	280
排酸療法	許麗雯	300
你不可不知道的現代靈媒啟示錄	蔡君如口述、許汝紘撰文	320
女巫的12面情緒魔鏡	張瀞文	300
情緒遊戲	張瀞文	300
身心靈芳香療法之神聖精油	張瀞文	280
數字密碼	杜順傑	270
魔法地圖──16種療癒身心靈的新時代教導	Leela等編著	280
永遠之法	大川隆法	280

未來智慧館

贏家勝經──台商行業狀元成功秘訣	陳明璋	280
吉星法則──掌握改變人生、狂賺財富的好機會	李察・柯克	300
吻青蛙的理財金鑰──童話森林的19堂投資入門課	米杜頓兄弟	299
人蔘經濟	大衛・泰勒	330
植物帝國：七大經濟綠寶石與世界權力史	馬斯格雷夫、馬斯格雷夫	360